남자 구분법

남자 구분법

이드페이퍼 지음

행복을 함께할 사람을 찾아서

데이원

목차

여는 말 006

1장	나쁜 남편감 유형	011
2장	좋은 남편감 유형	091
3장	남자 체크리스트	163
4장	결혼으로 인생 망하는 여자들의 공통점	223

여는 말

 결혼은 인간의 전유물이 아닙니다. 야생 자연에도 결혼은 있습니다. 늑대, 두루미, 백조, 올빼미 등 인간처럼 평생의 '결혼 관계'를 맺는 동물은 의외로 많습니다. 이는 짝짓기에 발생하는 희생을 줄이기 위함인데, 사자, 곰, 순록, 들소 같은 '결혼하지 않는' 다른 동물들과 비교하면 쉽게 이해 가능합니다. 이들의 번식기는 전쟁이자 지옥입니다. 암컷에 대한 번식권을 쟁취하기 위해 수컷들은 목숨을 건 구애 전쟁을 벌이고, 이때마다 재기불능의 상처를 입고 죽거나 무리에서 쫓겨나 외톨이가 됩니다. 매번 극소수의 수컷만 살아남고 절대다수의 수컷들이 폐기되는 부조리한 참극이 대를 이어 반복되는 것이죠. 이에 대한 자연 발생적 대책이 일부일처제, 즉 결혼이라는 제도였습니다.

 그렇습니다. 결혼이란 원래 수컷을 위해 만들어진 제도였습니다. 번식을 위해 매번 끝없는 피비린내 나는 투쟁을 벌이는 것보다 결혼이라는 합의를 통해 불필요한 희생을 줄이는 게 낫다는 사실은 자명합니다. 말하자면, 결혼은 원래 수컷과 암컷, 남자와 여자 둘 사이의 개인적 약속이 아닌 '사회적 계약이었습니다. "이 여자는 임자가 있으니 다른 이가 넘봐서는 안 된다. 우리 서로 불필요한 유혈극을 자행하지 않기로 한다"라는 사회적 선언이었죠.

결혼이라는 제도가 절실한 건 여자도 마찬가지였습니다. 법과 질서가 확립되기 이전, 여자는 생존권을 보장받지 못했습니다. 혼자 힘으로 수렵 채집이 불가능했으며, 야생 동물의 습격이나 인간 수컷의 공격에 대항할 수단도 없었습니다. 날개도, 발톱도, 근력도, 빠른 다리도 없는 인간 암컷은 기본적인 생존조차 유지하기 힘겨웠습니다. 이런 사정이 남자의 이해관계와 맞아떨어졌던 겁니다. "내가 너의 씨를 받아 아이를 낳을 테니, 넌 나의 생존과 복지를 보장하라." 이것이 여자 쪽에서 보장받은 결혼의 약정이었습니다.

고대 문명 사회에 결혼이라는 제도가 처음 생겼을 때부터 이미 암묵적 약정이 있었습니다. "남자가 아내를 부양하지 않으면 아내는 결혼을 파기하고 다른 남자에게 갈 수 있다." 이것이 실제로 기원전 여러 나라에서 통용되던 결혼관이었습니다. 구약성경에 기록된 것처럼 당시 서남아시아의 결혼한 여성들은 남자로부터 식량과 옷을 제공받았을 뿐 아니라, 자신의 집을 소유하고 남편으로부터 독립된 생활 공간까지 보장받았습니다(William Robertson Smith, Kinship and Marriage in early Arabia, 1885).

남자의 필요에 의해 형성된 관계였지만, 실제 결혼은 처음부터 서로의 인권을 보장받기 위한 약정이었습니다. 번식과 소유의 관계를 의미하긴 했지만 결혼은 여전히 처음부터 '주는 것이 있기에 받는 것도 있는' 상호 호혜적 제도였습니다.

현대 문명 사회에서 여자들은 더 이상 집을 사거나 고기를 먹기 위해 남자에게 기댈 필요가 없습니다. 안전한 환경에서, 법과 공권력의 보호를 받으며, 생존을 보장받고 복지를 추구할 수 있습니다. 전통적 결혼의 필요성이 퇴색된 겁니다. 그럼에도 여자에게는 여전히 남자가 필요합니다. 우리는 남자와 여자 사이에 자연적·사회적 차이가 존재함을 인정합니다. 여자는 남자를 통해 보다 다양한 문제를 적극적으로 해결할 수 있고, 각종 위험으로부터 자신을 더 안전하게 보호할 수 있다는 사실을 이해합니다. 여자가 본능적으로 결혼할 남자를 찾는 것은 의존성이나 나약함이 아닌, 세상이 부여한 생리적·물리적 조건 때문임을 이해합니다. 여자에게는 남자가 있어야 생활이 수월하고 삶이 안전하다는 현실을 이해합니다. 굳이 결혼을 하지 않아도, 아이를 낳지 않아도, 결혼이라는 제도가 사라진다 해도, 그래도 여전히 여자에게는 남자가 필요하며, 남자가 있는 것이 여러 면에서 이롭다는 사실을 인정합니다.

중요한 건 이로운 남자, 도움되는 남자를 찾는 겁니다. 일시적 관계의 이득만 취하고 떠나 버리는 남자가 아닌, 오랜 세월 여자 곁에서 한결같이 충직한 남자를 찾는 게 중요합니다. 『남자 구분법』은 이런 남자를 찾기 위한 지침서입니다. 지속 가능한 관계를 위해 묵묵히 책임을 다하는, 평생 변함없이 사랑을 실천하는, 그런 남자들을 가려내기 위한 매뉴얼(설명서)입니다.

우리는 뉴스에 등장하는 데이트 폭력, 살인, 강력 범죄 사건들 때문에 "남자는 해로운 존재다 상종해선 안 된다"는 염세주의에 빠지지 않기로 합니다. 야생 자연의 관점에서 인간 수컷보다 더 가정에 본능적으로 충실한 좋은 없다는 사실을 깨닫습니다. 여자를 이용하고 폭행하고 버리는 남자들보다 여자를 지키고 부양의 책임을 다하는 남자들이 훨씬 많다는 사실을 인정합니다. 오늘날 80억 인류 문명이 가능한 까닭은 지난 수만년 동안, 누구의 관심도 인정도 없이, 묵묵히 가정을 책임진 수많은 남자들이 있었기 때문이라는 사실을 이해합니다.

마지막으로, 우리는 남자가 불과 같다는 사실을 이해합니다. 잘못 다루면 화를 입지만, 잘 다루면 이로운. 위험하지만, 없으면 사는 게 힘들어지는. 우리는 불과 함께 살 수밖에 없으며, 불이 없는 삶보다 불이 있는 삶이 더 윤택하다는 사실을 이해합니다. 불과 함께 해서 인생이 잘못됐다면, 그건 불의 존재 때문이 아니라, 불을 잘못 들이고 잘못 사용한 당사자 때문이라는 사실을 유의합니다. 이 지침서는 그런 문제를 방지하는데 도움이 될 것입니다.

참고로, 앞으로 다룰 내용에서는 편의상 좋은 '짝'을 좋은

'남편감' 혹은 '남편'이라 칭합니다. 이는 일상적 표현으로 독자의 이해를 돕기 위함이지, 결혼을 필수로 전제하는 것은 아닙니다. 책의 내용 또한 비단 '결혼'에만 적용되는 것은 아니므로, 각자의 상황에 맞게 '남편감', '남편'이라는 표현을 '남자', '연인', '파트너' 등으로 대체해 읽을 수 있습니다.

form
1장

나쁜 남편감 유형

최악의 결혼 사례들을 짚어 봅니다. 결코 드물지 않은 사례들이지만 고통의 크기를 짐작할 수 없는, 여자의 인생을 지옥으로 만드는 최악의 남자 사례들을 통해 남자를 판단하고 구분하기 위한 중요한 정보를 얻습니다.

1. 사교적 애주가형

사례 1

2013년 부산. 시모 봉양으로 힘들어하던 30대 주부, 남편은 매일 밖에서 술 마시느라 집에 들어오지 않음. 밤새 시모에게 시달리다 정신이 나간 아내, 남편에게 도와 달라 문자 수십 차례 전송. 남편은 평소와 마찬가지로 술에 떡이 돼 부어라 마셔라, 문자 메시지는 보지도 않음. 결국 아내는 목 매달고 자살. 딸이 죽은 엄마를 보고 아빠에게 문자 메시지. 남편은 여전히 술독에 취해 문자 메시지 무시. 새벽에 집에 기어들어온 남편, 아내가 죽은 줄도 모른 채 쓰러져 취침, 다음 날 깨어나 딸의 문자를 보고 아내 시신 확인.

—'시모 봉양 갈등' 30대 女 6세 딸 두고 자살, 연합뉴스, 2013. 10. 10.

우리는 이런 사건을 접할 때, 모두가 그러듯, 남자의 짐승만도 못한 행동에 분노하고 욕합니다. 하지만 그 전에 생각해 봅니다. 여자는 왜 이런 남자와 결혼했을까. 문제의 발단을 되짚어 봅니다.

조혼이나 정략결혼의 관습이 사라진 지금, 여자들은 100% 자신의 선택에 의해, 충분한 사전 검증 기간을 가진 뒤 남자와의 결혼을 결정합니다. 이 남자는 분명 결혼 전에도 이런 식으로 술을 마셨을 것이고, 여자는 처음부터 이런 남자인 걸 알면서도 결혼을 한 것입니다. 그럼에도 불구하고, 이 여자는 이런 남자와 결혼해, 아이를 낳고, 지옥 같은 인생을 살다, 스스로 목숨을 끊었습니다. 여자가 바보 같아서 그랬을 거라고, 개인의 문제로 치부해 버리기 쉽습니다. 나한테는 일어나지 않을 일이라고 단정 짓고 마음 편히 살고 싶을 것입니다. 하지만 우리는 불행한 결혼을 개인의 문제로 단정 짓지 않습니다. 사실을 말하자면, 이런 결혼은 놀라울 정도로 흔하며, 누구에게나, 심지어 당신에게도, 일어날 수 있는 일입니다.

사례 2

부잣집에서 유복하게 자라 명문대를 졸업한 남자 E씨. 자기가 좋다고 사생결단 쫓아다니다 결혼한 여자와 1년도 안 돼서 헤어졌는데, 그 이유가 신혼 기간 내내 술 먹고 늦게 들어왔기 때문. E씨는 결혼 기간 내내 새벽 2시 이전에 집에 들어온 적 없음. 아내가 전화하면 매번 휴대폰 전원을 꺼 버림. 매일 술 먹고 늦게 들어온다고 불평하는 아내에게 적반하장 화내고 자기 부모 앞에서 아내 욕을 하는 등 고부 갈등까지 조장. 아내의 불만 표현을 일일이 증거로 남겨 고소 협박을 하고 이혼 소송에 대비하는 치밀함을 보이기도.

사례 3

명문대를 졸업하고 유명 언론사에 다니는 D씨. 결혼 뒤에도, 아이를 출산한 뒤에도, 술을 마시느라 매일 집에 늦게 들어오는 버릇을 지님. 그 와중에 습관처럼 외도까지 저질러 이혼 위기. 아내는 결혼하기 전, 이미 이 남자가 술 마시고 계집질을 한다는 사실을 알고 있었음에도 '결혼하면 달라지겠지, 아이를 낳으면 달라지겠지' 생각했다고. 그 결과, 아내는 직장을 다니는 중에 임신한 몸을 이끌고 남편과 불륜을 저지른 여자를 만나고 다니며 결혼 생활을 유지하려 노력. 이를 측은히 여긴 불륜녀가 남편분은 알려진 것보다 더 많은 여자들과 놀아나고 있으며 이런 노력은 무의미하니 그만두는 것이 좋겠다고 조언.

"설마 극소수의 사례겠지", "저런 놈이랑 결혼한 여자가 몇이나 되겠어" 생각하기 쉽지만, 주변을 조금만 둘러봐도 이런 사례는 놀라울 정도로 많습니다. 남자의 음주 습관이 결혼을 파탄으로 몰고 가는 것은 어느 나라나 마찬가지지만 특히 한국은 술에 관대한 사회 문화, 고질적인 직장 내 음주, 비즈니스 접대 문화 등과 결부돼 특별히 더 심각한 문제가 되었습니다. 굳이 주변 사례를 찾지 않아도, 유명인들의 이혼 기사를 통해서도 과도한 음주 습관으로 가정을 망친 남자들의 이야기는 쉽게 찾을 수 있습니다.

사례 4

가수 패티김과 결혼했던 길옥윤(본명 최치정). 서울대 치의예과의 전신인 치과전문학교를 입학한 뒤 독학으로 음악을 배워 재즈 연주자와 작곡자로 대성한 당대 최고의 엘리트 음악인. 천재임에도 순한 인간성으로 사람들에게 인기가 많았던 그는 당대 최고 가수였던 패티김과 결혼, 그 당시 가장 유명한 연예인 부부가 됨. 하지만 길옥윤에게는 음주벽이 있었고, 결혼 뒤 그의 음주 습관은 더욱 극심해져 일주일에 집에 들어오는 날이 하루도 될까 말까. 어쩌다 집에 들어오는 날은 매번 친구 등에 업혀서 들어옴. 딸도 하나 낳았지만 음주벽은 세월이 갈수록 극심해졌고, 7년을 버티다 인내심에 한계를 느낀 패티김은 이혼. 패티김은 전남편에 대해 "결혼해서는 안 될 남자였다." 단 한마디로 말을 아낌.

사례 5

배우 견미리와 결혼했던 배우 임영규. 부잣집 막내아들로 어릴 때부터 부모의 과보호 속에 부족함 없이 자람. 사람들이 흔히 말하는 '호인好人'이었음. 사람들과 잘 어울리고 술자리를 즐김. 씀씀이가 헤퍼서 모임에 나가면 밥값과 술값 등을 모두 자기가 계산하는 버릇이 있음. 후배 연기자 견미리와 결혼해 큰 화제를 모았으나 6년 만에 이혼. 본인은 성격 차이 때문이었다고 주장하나, 사실은 술 먹고 아내를 폭행한 것 때문. 술만 먹으면 정신이 나가는 패턴을 반복. 사람을 폭행하고 경찰서를 들락거리면서도 끝끝내 술버릇을 고치지 못함. 고질적인 술버릇으로 가족도 잃고 친구도 잃고 그 많던 재산도 다 날린 채 노숙자로 전락.

 밤늦도록 술 마시는 게 버릇인 남자, 술자리가 인생의 최대 행복인 남자, 술자리에서 친구들과 술 마시는 게 세상 무엇보다 우선인 남자, 이런 남자와 결혼한 여자들 중 지능이 모자라거나 정신이 이상한 경우는 없습니다. 정상적인 가정에서, 정상적인 교육을 받고, 정상적인 사회생활을 하는 여자들이 이런 남자와 결혼해 고통받고 인생을 망칩니다. 중요한 건, 아무도 등 떠밀려 억지로 결혼하지 않았다는 점입니다. 모두 자기가 좋아서, 이 남자가 마음에 들어서, 이 남자와 결혼하고 싶어서 결혼했습니다.

 "친구 많고 술 잘 먹는 남자치고 나쁜 사람 없다"라는 주정뱅이들의 주장을 생각해 봅니다. 혹시, 저 남자들과 결혼한 여자들은 이 말을 믿었던 건 아닐까 생각해 봅니다. 혹시, 친구 많고 술 잘 먹는 남자가 실제로 여자들에게 좋은 사람, 착한 사람, 매력적인 사람이었던 건 아닐까 생각해 봅니다.

친구 많고 술 잘 먹는 남자는 나쁜 남편감의 대표적 유형입니다. 겉보기에는 세상 둘도 없는 호인인데, 같이 살면 지옥의 악마가 되는 남자. 나쁜 남편감의 첫 번째 공식입니다. "결혼 전에는 프린스 차밍(Prince Charming, 백마 탄 왕자), 결혼 뒤에는 인간 쓰레기." 이른바 '지킬 박사와 하이드' 유형입니다. 정상적인 여자가 나쁜 남편감과 결혼하게 되는 가장 큰 이유는 결혼 전에는 남자가 매력적인 지킬 박사로 보이기 때문입니다. 결혼과 함께 미치광이 살인마 하이드로 변할 줄 꿈에도 모르기 때문입니다.

친구 많고 술 잘 먹는 남자는 지킬 박사와 하이드의 현신現身입니다. 술만 안 먹으면 세상 둘도 없는 좋은 사람입니다. 외향적이고 활동적이기에 인기가 많습니다. 유쾌하고 화통하고 사교적이기에 친구가 많고 술자리에 자주 불려 다닙니다. 친구들 사이에서는 흔히 '진국'이라고 불립니다. 진솔하다, 순수하다, 의리 있다는 표현입니다. 그래서 '진국'을 좋은 남편감이랍시고 여자에게 소개해 줍니다.

남자를 술자리에서 본 걸로 판단하는 것보다 더 멍청한 짓도 없습니다. 술자리에서는 아무것도 책임지지 않습니다. 남자가 술자리에서 하는 건 그저 말뿐입니다. 술 먹고 떠들면서 웃긴 얘기, 솔직한 얘기만 하면 됩니다. 그럼 좋은 사람이 됩니다. 솔직하고 진솔하고 사랑스러운 사람, '진국'이 됩니다. 술자리에서는 여자관계도 쉽습니다. 아무 여자에게나 쉽게 다가가 관계를 맺습니다. 어떤 여자와의 관계도 주저하거나 마다하지 않습니다. 그래서 친구 많고 술 잘 먹는 남자일수록 결혼을 쉽게 합니다. 여자는 이런 남자에게 매력을 느낍니다. 쉽게 넘어 갑니다.

술만 안 먹으면 되잖아. 사람 자체는 괜찮잖아. 술이 죄지 사람이 죄인가. 이런 논리로 결혼합니다. 여기서 나쁜 남편감의 두 번째 공식이 등장합니다. "그래도 착해", "사람은 좋잖아." 술만 안 마시면 착한 사람이라는 겁니다. "뭐만 안 하면"이 핑계로 세계 최악의 남편감과도 결혼합니다.

우리는 나쁜 남편감을 가려내는 기술을 익히기로 합니다. 남자를 사람으로 보지 않는 겁니다. 남자를 좋은 사람 vs. 나쁜 사람, 매력적인 사람 vs. 매력 없는 사람, 멋진 사람 vs. 못난 사람… 이런 기준으로 보지 않는 겁니다. 우리는 남자를 '가전제품'으로 보기로 합니다. 집에 들여놓았을 때 해야 할 일을 잘할 것인지 여부로 판단합니다.

이 기준으로 친구 많고 술 잘 먹는 남자를 판단해 봅니다. 친구가 많고 술자리가 잦은데 가정에 충실할 수 있을지, 가장이 해야 할 일을 제때 제대로 할 수 있을지 생각해 봅니다. 원래 성실하고 부지런한 남자라도, 밖에서 놀기 좋아하면 집안일에 충실할 가능성은 급격히 줄어듭니다. 인간의 몸은 하나이며 각자에게 주어진 시간은 유한하니, 가정에 충실할 시간과 에너지가 물리적으로 감소합니다.

우리는 나쁜 남편감의 첫 번째 공식 "결혼 전에는 프린스 차밍, 결혼 뒤에는 인간 쓰레기"를 집 밖과 집 안에 대입해 봅니다. "집 밖에서는 프린스 차밍, 집 안에서는 인간 쓰레기." 밖에서는 인기 폭발 쾌남인 동시에 집 안 구석구석 쓸고 닦고 아내의 일거수일투족을 뒷바라지해 주는 남자는 없습니다. 남자를 밖에서만 봤을 뿐인데, '밖에서 프린스 차밍이었으니 집 안에서도 그럴 것'이라 생각하는 것은 기본적인 상식이 없는 것입니다. 인간의 기준은 종종 사람을 비상식적으로 만듭니다. 그러니, 인간의 기준이 아닌 가전제품의 기준으로 보는 겁니다. 이게 물리적으로 가능할지 불가능할지, 그럴 가능성이 높을지 낮을지를 따져 보는 겁니다.

친구 많고 술 잘 먹는 남자가 아이까지 낳을 경우 좋은 남편이 될 물리적 가능성은 더 낮아집니다. 안 그래도 안과 밖이 달랐던 남자는 아이가 생기면 훨씬 더 극심한 온도 차를 보입니다. 평소 아이를 좋아하던 남자라도 친구 많고 술을 좋아하면 애가 있는 집에 들어오지 않습니다. 평소 남의 집 애들에게는 그렇게 자상하고 친절했던 남자가 정작 자기 집 아이는 귀찮아 죽습니다. 귀찮음을 넘어 두려움을 느낍니다. 왜? 밖에서 친구들과 술 마시기 어려워지니까. 남자는 사교성이 높을수록 육아에서 멀어집니다. 이는 물리 법칙입니다. 이런 남자와 결혼해서 육아에 도움을 받을 거라 생각하는 것은 집에 난방을 때기 위해 냉장고를 사는 것과 다르지 않습니다.

남자의 고도로 발달된 사교성은 바깥의 문제에 머물지 않습니다. 사실을 말하자면, 이런 유형의 남자들은 술을 안 마셔도, 술주정으로 사고를 치지 않아도 아주 쉽게 최악의 남편감이 됩니다. 밤에 술친구들을 집으로 데려와 재워 주는 경우를 생각해 봅니다. 친구 많고 술 잘 먹으면 자연스럽게 그런 행동을 하게 됩니다. 친구 많고 술 잘 먹으면 어쩔 수 없이 가정보다 사회관계를 중시하게 됩니다. 그래서 아내와 애들이 자든 말든 술친구들을 자기 집에 불러들이게 됩니다. 사회적 관계를 위해 자신의 가정을 희생시키는 겁니다. 집에 술친구를 들이는 건 애교일 수도 있습니다. 아내 눈치 보지 않고 친구에게 거액의 돈을 빌려주거나, 불법적 요청을 들어주고 패가망신하는 일은 친구 많고 술 잘 먹는 남자들이 가정을 말아먹는 흔한 패턴입니다.

사례 6

전설적인 농구 선수이자 프로 농구팀 감독이었던 강동희. 홀어머니 밑에서 가난하게 자란 그는 착하고 성실한 성격으로 모두에게 사랑받는 농구계 모범생이었음. 감독을 역임하면서도 타고난 붙임성으로 선수들은 물론 팀 관계자들과도 돈독한 관계 유지. 술을 과하게 먹는 문제가 있긴 했지만 과음으로 인한 추문은 없었던 착하고 성실한 가장이었음. 하지만 2013년, 고작 몇천만 원을 받고(본인 주장은 700만 원) 농구 경기 승부 조작에 연루돼 징역 10월 실형 선고. 당시 강동희 감독의 연봉이 4억 원이었던 점을 감안하면 돈 때문에 이런 짓을 벌인 것이 아니라 인간관계를 뿌리치지 못해 벌인 일. 평소에도 지인의 부탁을 좀처럼 거절하지 못하는 성격. 이런저런 술자리로 너무 많은 지인과 무분별한 연을 맺는 성격.

친구 때문에 사고 치지 않아도 안심은 금물입니다. 언제든 스스로 예측 불가능한 행동을 하기 때문입니다. 예고 없이 술자리에 불려 가 밤새도록 집에 들어오지 않을 수 있습니다. 다음 날까지 연락이 두절되기도 하고, 한밤중에 경찰서의 연락을 받는 경우도 있습니다. 세계 어디나 마찬가지입니다. 친구 많고 술 잘 먹는 남자는 사고를 당할 가능성도 높고, 사고를 칠 가능성도 높습니다. 술을 자주, 많이 먹을수록 사람은 예측할 수 없는 행동을 하게 되며, 예측할 수 없는 일을 겪게 됩니다. 술을 마시면 누구나 (정도의 차이만 있을 뿐) 짐승에 가까워집니다. 신뢰하기 어려운 위험한 존재가 됩니다.

한마디로 "예측할 수 없는." 나쁜 남편감의 본질입니다. 집에 언제 들어올지도 모르고 언제 나갈지도 모르기에, 일을 맡길 수도 없고 육아를 기대할 수도 없습니다. 언제 어디서 무슨 말을 하고 어떤 행동을 할지 알 수 없기에, 항상 좌불안석 불안 속에 살게 됩니다. 과도한 사교성과 음주 습관은 예측할 수 없는 남자의 속성을 극대화합니다. 평소 모범적인 삶을 살아온 남자가 어느 날 갑자기 범법자가 되는 것도 술과 관련돼 있으며, 사고나 범죄를 당해 몰락하는 것도 역시 대부분 술과 관련된 경우입니다. 도박과 유흥에 돈을 탕진하는 것도, 거액의 돈을 빌려줬다 떼이거나 사기를 당하는 것도 모두 과도한 사교성, 습관적 음주와 밀접한 관련이 있습니다. 무엇보다, 음주 습관과 가장 밀접하게 맞물린 (그리고 가장 심각한) 예측 불가 불상사는 가정 폭력입니다. 술을 마셨을 때와 마시지 않았을 때의 가정 폭력 발생 빈도 차이는 현격합니다. 평소 절대 여자를 때릴 것 같지 않았던 남자도 과도한 음주 습관을 동반할 경우 언제든 예상치 못한 폭력성을 드러내게 됩니다.

외도 역시 친구 많고 술 잘 먹는 남자의 가장 예측하기 어려운, 하지만 가장 흔한 일탈입니다. 사교성이 높기에, 사람 만나는 걸 즐기기에, 술에 취하면 충동적으로 변하기에, 언제든 쉽게 여자들과 관계를 맺습니다. "친구 많고 술 잘 마신다." 이 사실 하나만으로 남자의 외도 가능성은 폭발적으로 증가합니다. 친구 많고 술 잘 마시는 남자와 관계를 맺은 여자는 남자의 외도를 기정사실화하고 살 수밖에 없습니다. "내 남자는 그럴 일 없다—외도

는커녕 여자 근처에도 못 가는 쑥맥이다—누구보다 얌전하고 이성적인 남자다." 예, 그렇습니다. 음주 범죄로 경찰서에 끌려온 남자들, 술 먹고 외간 여자와 놀아나 이혼 법정에 선 남자들, 술 먹기 전에는 대부분 그랬습니다. 법 없이도 살 남자, 마음이 놓이는 남자, 믿을 수 있는 남자… 술 먹고 신세 망친 남자들 대부분 평소 이런 남자들이었습니다.

우리는 계속해서 '물리적 가능성'을 이야기합니다. 우리는 남자가 '원래 어떤 놈'인지 따지기 전에, 그런 행동을 촉발시킬 수밖에 없는 환경·조건·습관에 대해 이야기합니다. 친구 많고 술을 잘 마시는 남자 vs. 친구 없고 술 안 마시는 남자. 대체 어느 쪽의 외도 가능성이 더 높을지 생각해 봅니다. "그래도 내 남자는 그럴 리 없다—내 남자는 그럴 사람이 아니다—원래 그런 사람 아니다." 아무리 악다구니를 쓰고 우겨 봐도 '물리적 가능성'은 달라지지 않습니다.

결혼 생활은 술자리와 다릅니다. 결혼 생활은 친구를 만나 노는 것과 다른 문제입니다. 말로는 아무것도 이룰 수 없습니다. 모든 건 행동의 결과입니다. 문제를 해결하고, 결과를 책임지고, 이런 '고된 노동'의 연속입니다. 나쁜 남편감이 술자리를 찾는 가장 큰 이유입니다. 술자리에서는 자유로우니까. 아무것도 해결하지 않아도 되고 아무것도 책임지지 않아도 되니까.

우리는 다시 한번 친구 많고 술 잘 먹는 남자의 예측할 수 없는 속성을 생각해 봅니다. 당장 오늘 밤 무슨 짓을 저지를지 모르는 데서 오는 불안감. 당장 내일 아침 무슨 일이 일어날지 모른다는 긴장감. 언제 비 오고 홍수 나고 산사태 날지 모르는 집에 사는 것과 다르지 않습니다. 예측 불가능한 남자와 함께 사는 인생이 어떤 지옥일지 생각해 봅니다.

2. 무절제형

사례 1

캐나다 출신의 세계적 팝스타, 저스틴 비버(Justin Bieber, 1994년생). 미혼모의 아들이었음. 어머니는 고등학교 때 저스틴을 임신, 주변의 낙태 권고를 무시하고 미혼모 신분으로 힘들게 아들을 키움. 어머니의 헌신적인 노력으로 세계적 스타로 도약. 외모만큼이나 귀엽고 솔직한 언행으로 북미 지역 '국민 남동생'으로 사랑받다 사춘기가 지나면서 미국 최악의 '몰상식 연예인'으로 등극. 충동성 억제에 어려움을 겪으며 여러 건의 폭행, 협박, 매춘, 보복 운전 등 법적 문제에 연루. 불량한 태도와 인성 문제로도 꾸준히 논란을 일으킴. 자신의 콘서트에 여러 차례 40분 이상 지각을 하고도 한 번도 관객에게 사과한 적 없으며, 필리핀의 복싱 영웅 파퀴아오를 공개적으로 비하하고선 오히려 적반하장 잘못한 게 없다고 큰소리치기도. 자기보다 2살 연상의 가수 셀레나 고메즈에게 적극적으로 구애해 연인이 되었으나 충동적 성격, 폭력성, 병적 바람기 때문에 2년 만에 결별.

사례 2

최진실과 결혼했던 야구 선수 조성민. 고려대 재학 시절부터 전국 최고 인기 스포츠 스타로 이름 날림. 최진실보다 5살 연하로, 학생 시절부터 방을 온통 최진실 사진으로 도배했을 정도로 최진실의 열렬한 팬이었음. 방송에 나와 "최진실이 내 이상형"이라 밝혔고 이것이 계기가 돼 결혼까지 성공. 어린 시절 흠모하던 아이돌(우상)과 결혼한 "동화가 현실이 된" 사례. 그러나 둘은 결혼하자마자 피비린내 나는 전쟁 같은 삶을 살기 시작, 수차례 폭행 사건이 터지며 (아이 둘을 낳은 상태에서) 결혼 4년 만에 이혼. 사람들이 경악했던 것은 이혼에 이르기까지 조성민이 저질렀던 믿기 힘들 정도의 몰상식한 행동들: 1) 결혼 2년 만에 기자 회견을 열어 "이혼하고 싶다"라고 폭탄 발언. 2) 별거 중에 화가 난다는 이유로 최진실 집에 쳐들어가 최진실의 얼굴을 폭행. 3) 외도 사실을 부인했으나 이혼한 지 몇 달 만에 외간 여자와 결혼. 조성민은 결국 자살로 생을 마감했는데 두 자녀를 남겨 둔 채 뚜렷한 동기 없이 즉흥적으로 자살 선택.

사례 3

두산 베어스의 유명 야구 선수였던 K모 씨. 부모가 고등학교 때 이혼한 뒤 가출, 평소 알고 지내던 누나에게 의존해 학창 시절 보냄. 여자 집에서 남자를 뒷바라지해 야구 선수로 대성시킴. 다혈질에 어린아이처럼 철없는 성격의 K씨, 수없이 야구를 그만두려 했지만 여자가 끈질기게 타일러 끝까지 야구를 하게 만듦. 둘은 결혼해서 아이 둘을 낳았는데 K씨가 야구 선수로 성공하자 외도 시작, 여자가 둘째를 임신한 상태에서 이혼 종용. 여자는 남자를 간통죄로 고소하려 했으나 아이들 때문에 고소 포기하고 이혼에 합의. K씨는 처음에는 자기 연봉의 80%를 떼어 줄 테니 이혼하자고 했으나 합의서 작성 직전 50%로 고침. 이혼 후 K씨는 연봉 50%를 주는 것도 아깝다며 언론 플레이. 전처에게 떼이는 돈이 아깝다며 태업에 은퇴 협박까지 하는 만행을 저지름. 전처와 아들은 K씨의 적반하장 태도에 심각한 트라우마에 시달림.

여자에게 인기 많은 남자들의 공통점이 있습니다. "어린애처럼 철없고 즉흥적인 성격." 엉뚱한, 천진난만한, 고민하지 않는, 자유분방한. 이런 남자의 모습에 여자들이 매력을 느낍니다. 원래 인간이 그렇습니다. 생각이 많으면 매력이 없습니다. 매사 진지하고 생각이 많으면 사람이 무거워 보입니다. 어두워 보입니다. 사람이 좀 밝고 가벼워야, 그런 구석이 있어야 인기 있는 법입니다. 누구나 밝고 가벼운 쪽을 선택하게 돼 있습니다. 그런 쪽에 끌리게 돼 있습니다. 아무리 사람이 철없고 어린애처럼 제멋대로 굴어도 "결혼하면 안 되겠다"라는 생각보다는, "귀엽다"라는 생각을 먼저 하게 됩니다. 저 철없는 인간, 내가 거두어 주고 싶다는 생각을 하게 됩니다.

저스틴 비버, 조성민, K모 씨, 이런 남자에게 여자들이 매력을 느끼고 결혼을 하는 가장 큰 이유는 내 마음대로 할 수 있을 것 같기 때문입니다. 내 위에 군림하는 남자가 아닌, 내가 군림할 수 있는 남자, 내 인생을 좌지우지하는 남자가 아닌, 내가 좌지우지할 수 있는 남자에게 매력을 느끼는 겁니다. 바로 "귀여운 남자"입니다. 여자가 귀여운 것보다 남자가 귀여운 게 더 강한 매력입니다. 같이 있으면 내가 편할 것 같고, 내 말만 잘 들을 것 같고, 내 편만 들어 줄 것 같고, 여자들이 남자에게 원하는 게 대부분 이런 것입니다.

반대로, 남자가 귀엽지 않은 경우, 주관이 강하거나, 계산적이거나, 논리적이거나. 남자가 이성적으로 논리가 어쩌고 현실성이 어쩌고 따지고 있으면 여자는 그런 생각을 하게 됩니다. 이 남자는 내 맘대로 하지 못하겠구나, 내 편을 들어 주지 않겠구나. 여자의 본능은 이 남자를 멀리하게 됩니다. 매력 대신 거부감을 갖게 됩니다.

우리는 남자의 본질에 대해 생각합니다. 우리는 남편감으로서, 결혼 상대자로서 남자를 이야기합니다. 남자는 여자의 편을 들어 주기 위해, 여자에게 귀여워 보이기 위해 태어나지 않았습니다. 남자는 여자를 부양하기 위해 태어났습니다. 여자를 지키고 보호하고 문제를 해결해 주기 위해 태어났습니다. 그러기 위해 남자는 주관이 강해야 하고, 계산적이어야 하고, 이성적이고, 논리적이고, 현실적이어야 합니다. 남자가 귀여우면 이런 본질이 무력화됩니다. 남자가 귀여우면 귀여운 게 전부입니다. 여자를 부양하지 못하게 됩니다.

생각해 봅시다. 철이 없는 남자, 제멋대로인 남자, 머리로 생각하지 않는 남자가 직장·사회 생활은 어떨지, 결혼 생활은 어떨지. 이성이 아닌 감정과 충동에 따라 행동하는 남자와 함께 살면 어떤 재앙을 겪게 될지. 여자를 부양하지 못한다는 문제는 사소해질 정도로 이 무절제 유형은 매우 심각한 문제들을 다양하게 일으킵니다.

남자는 원래 여자보다 더 감정적입니다. 남자는, 말은 이성적으로 해도 행동은 감정적으로 합니다. 남자가 화도 더 심하게 내고, 편견도 더 심하며, 성급한 결정도 더 많이 내리는데,

'귀여운 남자'일수록 그 정도가 심해집니다. 이성은 브레이크, 감성은 액셀러레이터입니다. 이성은 절제하는데, 감성은 절제하지 않습니다. "그러면 안 된다"라고 해야 할 때, "그래도 된다"라고 합니다. 선을 넘는 겁니다. 평소 개미 새끼 하나 건드리지 못할 것 같았던 남자가 완전히 다른 사람으로 돌변합니다. 사람은 논리적이고 이성적일수록, 이것저것 따질수록 (얄밉고 짜증 날 수는 있어도) 선을 넘지는 않습니다. 반대로 충동적이고 감성적일수록, 아무것도 따지지 않을수록 (아무리 매력만점 호감만점이어도) 예측 불허의 도 넘는 행동을 하게 됩니다. 폭행, 기물 파손, 가산 탕진, 협박, 가출, 절도, 도박, 사기(피해), 외도 등. 여기에 과도한 음주와 사교성까지 합쳐질 경우 완벽한 예측 불허의 괴물이 됩니다.

사례 4

70년대 최고의 액션 배우 김희라. 유명 배우 김승호의 아들로 태어나 유복하게 자람. 스포츠에 능해 학창 시절 청소년 축구 국가대표였음. 친구 많고 인기 많은 '전형적 마초남'이었던 그는 90년대에 아내와 아이들을 모두 미국으로 보낸 후 '자유 인생'을 살기 시작. 수많은 여자들을 만나며 결혼 생활 포기. 함께 살림을 차린 여자만 3명, 관계를 가진 여자는 셀 수도 없음. 미국에 있는 아내에게 이혼 요구. (그러나 아내가 거절.) 원래 남의 요청을 거절 못 하는 성격이라 사귄 여자들에게 철저히 이용당했고, 그 많던 재산을 모두 탕진하고 알거지로 전락. 늘그막에 혈혈단신 무일푼으로 병마에 시달리던 그를 거두어 준 건 그가 버렸던 아내.

사례 5

가수 조영남. 당대 유명 여배우 윤여정과 결혼해서 두 아들을 낳고 1987년 이혼. 배우 활동을 중단하고 가사에 전념하던 윤여정에게 "너는 못생겨서 같이 잘 수 없다" 등의 막말을 퍼부음. 유명 가수이자 연예인이었음에도 가정은 언제나 궁핍했으며, 결혼 생활 내내 여자들과 놀러 다님. 외도가 발각된 뒤에는 "너도 내 내연녀랑 같이 살자" 적반하장 태도로 일관. 이혼 시 고작 5천만 원의 위자료를 주고 헤어졌으면서 TV에서는 "이혼 시 전 재산 다 주고 빈털터리가 됐다"는 둥, "아직도 젊은 여자를 꼬시면 다 넘어온다"는 둥 몰염치한 태도로 일관. 이후에도 TV 카메라 앞에서 자신보다 쉰 살 이상 어린 여자 연예인과 리포터들에게 성추행과 다름없는 행동을 일삼으며 대중의 뭇매를 맞았지만 아무리 나이 먹어도 여자 앞에서는 언제나 똑같은 짓 반복.

머리로 생각을 하지 못하니 자신의 행동에 대한 성찰이 불가능합니다. 뉘우치고 반성한다 해도 결과는 달라지지 않습니다. 무릎을 꿇고 눈물을 흘리며 빌고 또 빌어도, 내가 한 번 더 그러면 목숨을 끊겠다, 연을 끊겠다, 피의 맹세를 해도, 자고 일어나면 똑같습니다. 머리로 생각을 하지 못하니, 절제를 하지 못하니, 아무것도 고쳐지지도, 나아지지도 않습니다.

감성으로 사는 인생이기에 대화도 되지 않습니다. 같이 웃고 떠들 때는 세상 둘도 없이 잘 통하는 남자인 줄 알았는데, 조금만 이성적인 혹은 현실적인 주제가 등장하면 대화가 되지 않습니다. 생각이 다르다고, 화가 난다고, 귀찮다고, 상대방 말을 듣지 않습니다. 대화를 거부합니다. 아무리 상식적인 얘기를 해도 자기 화난다는 이유로 받아들이지 않으며, 적반하장 말도 안 되는 개소리를 여자에게 우격다짐으로 강요합니다. 평소 "그럴 수도 있고 저럴 수도 있지" 의연하고 여유만만했던 모습은 흔적도 없이 사라집니다. "나는 내 얘기만 할 거야, 네 얘기는 듣지 않을 거야" 고집불통 철부지 아이가 되어 사람을 미치게 합니다.

충동으로 사는 인생이기에 아무것도 예측할 수 없고 아무것도 믿을 수가 없습니다. 갑자기 화내고 토라지고 사고 치는 건 일상이라 쳐도, 어제 한 말과 오늘 한 말이 다르고, 오늘 하는 행동과 내일 하는 행동이 다르니 신뢰할 수 없습니다. 집에서도 밖에서도 인기는 많은 거 같은데, 믿어 주는 사람이 없습니다. 일도 못하는 주제에 툭하면 "대접받지 못했다"고

충동적으로 그만둬 버립니다. 그러니 술친구는 많은데 현실적으로 도움이 되는 사람은 많지 않습니다. 어디서도 뿌리내리지 못하고 안정적인 삶을 살기 어려워집니다. 돈을 맡겨도, 사람을 맡겨도, 일을 맡겨도 "제대로 할 수 있을까, 사고 치지 않을까" 불안감에 시달리게 됩니다.

남자가 머리로 생각하지 않으면 결혼 뒤 짐승이 됩니다. 결혼 전 착하고 순수했던 남자가 결혼 뒤에는 '대소변 못 가리는 어린아이'가 됩니다. 세월이 가고 나이를 먹을수록 더욱더 통제가 어려운, 늙고 추한 짐승이 됩니다. 인간이 아닌 짐승과 사는 겁니다. 이 짐승이 내일은 또 무슨 짓을 저지를까 고통과 불안 속에 사는 겁니다. "그래도 이 남자는 (원래) 착한 사람"이라고 자위해 봐야 결혼 생활은 조금도 행복해지지 않습니다.

우리는 남자를 판단하는 기준을 다시 생각해 봅니다. 지금껏 혹시 남자의 '인간성'에 너무 많은 점수를 준 건 아닌지 생각해 봅니다. 당신이 이런 귀여운 남자 유형에 매력을 느끼고 관계를 맺은 까닭은 인간성을 기준으로 남자를 판단했기 때문은 아닌지 생각해 봅니다. 순한 남자, 다정한 남자, 친절한 남자, 호방한 남자, 인간성 좋아 보이는 남자면 확실하다는 확신. 이런 남자면 절대 평생 허튼짓하지 않고 죽을 때까지 한 여자를 위해 다정할 것이라는 재앙적 편견에 빠졌던 건 아닌지 생각해 봅니다.

우리는 남자의 기준을 '인간성'이 아닌 '기능'에 맞춰 봅니다.

여자 기분 맞춰 주고 아양 떠는 건 남자의 본래 기능이 아니라는 사실을 이해합니다. 남자의 본래 기능은 결혼하고 최소 30년 이상 여자를 먹여 살리고 보호하고 가정을 책임지는 것입니다. 그런 기능을 갖춘 기계를 고른다고 생각합니다. 우리는 인간적 매력이나 정에 이끌려 남자를 고르지 않습니다. 남자가 여자를 책임지고 가정을 부양하는 데 필요한 기능을 따져야 합니다.

남자의 기능은 책임감, 자제력, 사리 분별력에 기반합니다. 실수를 하면 "다음에는 그러지 말아야지" 하며 스스로 통제하고 제어하는 기능. 같은 실수를 두 번 반복하지 않는 기능, 잘못을 이해하고 인정하는 기능, 세상과 자신을 객관적으로 보는 기능, 상식적 판단이 가능한 기능, 현실적 대화가 가능한 기능, 스스로를 개선할 수 있는 기능, 오늘보다 내일이 나아지는 기능 등… 남자에게는 인간성보다 기능이 필요하다는 사실을 잊지 않습니다. 이런 기능이 작동하지 않는 남자는 불량품이라는 사실을 기억합니다.

3. 냉혈한형

사례 1

미국의 35대 대통령 존 F. 케네디(John F. Kennedy, 1917-1963).

둘째 아들로 태어나 어릴 때부터 병약했음. '될놈될' 적자생존 철학으로 운영된 케네디 가문의 미운 오리 새끼 천덕꾸러기였음. 부모에게 못 받은 사랑을 성인이 된 후 여자관계로 푸는 습성을 지님. 아내 재클린은 원래 본인 취향의 여자가 아니었음에도 '만만하다'는 이유로 결혼. 결혼 후에도 여전히 쉴 새 없이 외간 여자를 만나고 다님. 아내가 유산했다는 소식을 듣고도 향락의 선상 파티를 벌인 것으로 유명하며, 백악관에 (그것도 대낮에) 여자들을 불러 재클린의 방에서 정사를 벌인 것으로도 유명. 재클린은 남편이 바람을 피운다는 사실 때문에 고통받은 게 아니라 세상 모든 사람들이 남편의 외도 사실을 공공연히 아는 것 때문에 (쪽팔려서) 고통받음. 존 F. 케네디는 한 번도 아내를 인간적으로 대접해 준 적이 없으며, 아내가 시댁 식구들에게 멸시와 왕따를 당하는 걸 뻔히 알면서도 무시로 일관함.

사례 2

그리스 선박 재벌 오나시스(Aristotle Socrates Onassis, 1906-1975). 같은 그리스 선박 업계 거물인 리바노스의 딸 티나(아티나 리바노스)와 결혼. 오나시스는 티나가 열네 살이었을 때 청혼을 했다 거절당하자, 티나의 나이 열여섯 살 때 그녀와 성관계를 맺고 그녀의 부모에게 결혼시켜 주지 않으면 소문을 내겠다고 협박. 티나의 부모는 어쩔 수 없이 열일곱 살짜리 딸을 마흔여섯의 오나시스에게 시집보냄. 미성년자와 억지 결혼을 한 오나시스는 두 명의 자식을 낳아 놓고도 쉬지 않고 외도 행각을 벌임. 세계적인 소프라노 마리아 칼라스와 기자들 앞에서 노골적인 염문을 뿌리는 등 각종 엽기 행각을 벌이다 결국 이혼. 티나는 불행한 결혼 생활로 마약 중독에 빠졌고, 이혼 후 재혼했으나 마약 과용으로 사망함. 오나시스는 마리아 칼라스 때문에 이혼을 했으면서도 칼라스와 결혼하지 않고 계속해서 다른 여자들을 만나며 방탕하게 생활. 그러다 케네디의 미망인 재클린과 결혼. 오나시스는 재클린을 '사치스러운 인형'으로 취급하고 또다시 다른 여자들을 만나기 시작. 마리아 칼라스와 재회하며 재클린을 따돌림. 재클린과 저녁을 먹은 뒤 곧바로 다른 여자와 섹스를 하러 갈 정도로 적극적이고 노골적인 외도를 일삼음.

사례 3

파블로 피카소(Pablo Picasso, 1881-1973). 전설적인 예술성에 뒤지지 않는 불꽃같던 계집질로 유명. 마음에 드는 여자가 있으면 사탕이 먹고 싶은 철부지 어린애처럼 쫓아가 구애, 거의 백 퍼센트의 확률로 관계 맺음. 수많은 여자들과 관계를 맺었으나 정식 결혼은 두 번뿐. 매번 연인들에게 고통을 주며 일방적으로 결별. 첫 번째 연인인 페르낭드는 프랑스어도 못 하던 가난뱅이 피카소가 혈혈단신으로 파리에서 악전고투하던 시절 동거하던 조강지처 같은 여자. 피카소의 그림이 뜨자마자 헌신짝처럼 버려짐. 그 뒤 만난 에바 구엘은 병약한 몸으로 자주 앓아누웠는데, 이때마다 피카소는 병이 옮는다고 혼자 이사를 가 버림. 피카소의 첫 결혼 상대였던 발레리나 출신의 올가는 자신의 생업을 포기하고 아들을 낳았으나, 피카소가 열다섯 살짜리 미성년자 마리와 사랑에 빠지는 바람에 이혼당함. 피카소는 마리와 동거를 시작하자 "여자애가 너무 어려서 대화가 되지 않는다"라며 다른 여자(사진작가 도라)와 바람남. 어린 나이에 피카소에게 농락당하고 버려진 마리는 만성 우울증에 시달리다 자살로 생을 마감.

여자에게 인기 많은 남자 유형은 양극단입니다. 앞서 살펴본 '귀여운 남자'는 여자가 쉽게 다룰 수 있을 것 같은, 내 편을 들어 줄 것 같은 새끼 강아지 같은 남자였다면, 지금 보는 '나쁜 남자' 유형은 쉽게 다룰 수 없을 것 같은 거친 야생마 같은 매력의 남자입니다.

이들은 기본적으로 '남자다운 남자'입니다. 남성 호르몬, 테스토스테론이 많이 분비되는 남자입니다. 초인적 집중력과 냉철한 판단력으로 경쟁자를 물리치고 더 많은 사냥감을 잡아 올 수 있는, 더 높은 경제적 우위를 점할 수 있는 남자입니다. 그래서 전 세계 자수성가 억만장자들의 대부분은 나쁜 남자 유형입니다. 루퍼트 머독, 손정의, 빌 게이츠, 스티브 잡스 등 사업가들도 그렇지만, 아인슈타인, 사르트르, 헤밍웨이 등 역사적으로 유명한 과학자, 철학자, 음악가, 미술가, 작가들 역시 전형적인 나쁜 남자 유형입니다.

테스토스테론 수치가 높다니까 기골이 장대하고 남성성이 두드러진 관우, 장비 스타일의 터프 가이를 생각하기 쉽습니다. 하지만 우리는 생리적 기준으로 남자를 구분하지 않습니다. 우리는 사람의 행동 패턴을 보고 남자를 구분합니다. 빌 게이츠, 사르트르처럼 간신배 수염만 날 것 같은 왜소한 체구의 샌님 스타일 남자라도 행동 패턴은 극한의 테스토스테론 상위 클래스인 경우가 있습니다. 어떻게 생겼는지, 어떤 조건을 타고났는지는 중요하지 않습니다. 중요한 건 '어떻게 행동하느냐', 그리고 '어떤 행동의 결과를 가져오느냐'입니다.

테스토스테론이 더 많이 분비될수록 어떤 분야에서든 성공할 확률이 높아집니다. 경쟁에서 이길 가능성이 높아집니다. 부지런하고 세심한 것도 중요하지만, 경쟁자를 제압할 냉혹한 판단력, 남들이 상상하지 못한 일을 실행할 과감한 결단력이 더 중요합니다. 이런 능력을 테스토스테론이 지배합니다. 특히, 자신의 이익을 챙기고 방어하는 데에는 테스토스테론보다 더 탁월한 기능을 제공하는 요소도 없습니다. 그래서 이런 남자들은 본능적으로 이기적인 행동을 하게 됩니다. 목적을 이루는 데 극단의 효율성을 보이는 대신, 냉혈 동물 같은 비인간적인 모습도 자주 보이게 됩니다.

여자들은 착한 남자, 자상한 남자, 따뜻한 남자에게 끌린다지만, 사실은 그 정반대의 남자에게 끌리는 경우가 더 많습니다. 무신경한 남자, 냉정한 남자, 나쁜 남자에게 더 강한 매력을 느끼고 이들과의 관계에 집착하는 겁니다. 나쁜 남자가 '더 많은 사냥감을 잡아 올 수 있는 남자'라는 사실에 주목합니다. 가족을 먹여 살릴 능력에 주목합니다. 가족을 먹이고 보호하고 안전을 보장해 줄 남자와 결혼하고 싶은 겁니다. 나쁜 남자에게 끌리는 건 자연의 섭리인 셈입니다. 어리석음이 아니라 생물학적 본성인 겁니다.

나쁜 남자들은 구애 방식도 효율적입니다. 사냥감을 사냥할 때처럼, 한 여자에게 집중하고 그 여자가 넘어올 때까지 모든 걸 쏟아붓습니다. 그러면 여자는 착각에 빠집니다. "이 남자, 나에게만 잘해 줄 것 같다"라는 착각. "냉혈 동물 같은 남자지만 나에게는 스윗할 것 같다"라는 착각. "이 남자, 나 혼자 독차지할 수 있을 것 같다"라는 착각. 그렇게 남자가 오직 나를 위해 남에게 냉혹해지고, 오직 나를 위해 사냥감을 잡아 바칠 것이라는 근거 없는 확신에 빠집니다.

정말로 그런 경우가 있을지도 모르겠습니다. 특별한 경우, 여자가 그렇게 만들 수도 있을지 모릅니다. 하지만 대부분은 그렇지 않습니다. "이 야생마 같은 남자, 나라면 길들일 수 있을 것"이라는 확신은 대부분 망상으로 결론 납니다. 기본적으로, 나쁜 남자들은 한 여자에 만족하지 않습니다. 더 많은 사냥감을 잡아 올 수 있는 특징은 곧 더 많은 여자와 번식할 수 있는 특징과 직결됩니다. 당신에게 유능한 사냥꾼의 모습으로 접근했던 것처럼, 다른 여자에게도 유능한 사냥꾼의 모습으로 접근합니다. 이 남자는 당신과 관계를 맺는 순간, "이번 사냥에 성공했으니 다음 사냥감을 찾아야겠다"는 생각을 하게 됩니다.

나쁜 남자 빌 게이츠의 외도 행각을 봅니다. 테스토스테론 호르몬 한 방울 나지 않을 것 같은 전형적인 공붓벌레 이미지의 빌 게이츠는 결혼 후, 부인 멜린다에게 접근했던 방식 그대로, 다른 사내 여직원들에게 접근했으며, 사내는 물론 사외에서도 수많은 여자들과 관계를 맺었습니다. 그에게 외도는 유희였으며 육식 동물의 사냥 습관과 다르지 않았습니다. (빌 게이츠 이혼은 외도 때문? "MS 여직원과 수년간 성관계", 중앙일보, 2021. 05. 17.)

다른 여자를 만나고 외도를 일삼는 것보다 더 심각한 문제는 관계에 예의가 없다는 점입니다. 테스토스테론 수치가 높을수록 남자는 '지난 관계'에 연연하지 않습니다. 여자가 불편하거나, 더 이상 매력이 없다고 느끼거나, 더 이상 이득이 되지 않는 순간, 관계를 간단히 끊어 버립니다. 그리고 돌아보지 않습니다. "다른 여자가 생겼다" 같은 현실적 이유가 없는 경우도 많습니다. 그저 싫증이 났거나, 원래 변덕이 심했거나, 아무 이유도 변명도 설명도 없이 일방적으로 관계를 종결해 버리는 겁니다. 어떤 경우든, 이들로부터 죄책감이나 배려를 기대할 수는 없습니다.

피카소가 어떻게 연인들과 결별했는지 봅니다. 여자가 병이 났다고, 재수 없다고, 말이 안 통한다고, 너무 어리다고(자기가 어린 여자 좋다고 사귀었음에도), 가난하다고, 격이 맞지 않는다고, 너무 오래 같이 살았다고, 혹은 아무 이유 없이. 그냥 어느 순간 갑자기 여자가 사람이 아닌 존재가 됩니다. 여자가 오래된 가구처럼 내다 버릴 '물건'으로 전락합니다. 예전에는 하늘의 별도 달도 따다 줄 것처럼 지극정성이었던 남자가 처음 본 사람보다, 원수진 사람보다 더 차갑게 돌아서 버립니다.

이들을 정의하는 단어는 '목적 지향성'입니다. 이들은 모든 말과 행동이 목적 지향적이며, 모든 관계는 목적에 의해 맺어지고 목적에 의해 해제됩니다. 이들에게 여자와 같은 '관계 지향적인' 마음은 존재하지 않습니다. 인간관계에 대한 예의, 배려, 존중은 합당한 목적이 있을 때만 가능한 것이며, 그렇지 않을 때는 불가능합니다. 나쁜 남자에게는 '살아온 정'이 존재하지 않습니다. 한 여자와 오랜 관계를 유지하는 나쁜 남자들도 많습니다만, 이는 어디까지나 사회적 명분이나 경제적 이유 같은 목적 때문이지 '함께 산 정' 때문인 경우는 드뭅니다.

이런 남자를 만날 때는 인간적 도리를 기대할 수 없다는 사실에 익숙해져야 합니다. 처음에는 아무리 극진하고 다정했어도, 아무리 오래 돈독한 관계를 유지했어도, 경제적 이익, 사회적 출세, 더 마음에 드는 여자 등의 목적을 위해 언제든 여자를 헌신짝처럼 버릴 수 있다는 사실을 인지해야 합니다. 그런 짓에 추호도 양심의 가책을 받지 않는다는 사실을 알아야 합니다.

목적 지향의 삶을 사는 남자들은 공감 능력이 없습니다. 여자가 무슨 생각인지, 어떤 심정인지, 무슨 고통을 받는지 관심 없습니다. 이들의 머릿속에는 달성해야 할 목적뿐이며, 이 목적에서 벗어난 대부분의 정보는 자동으로 삭제됩니다. 이들이 아내와 가정을 돌보는 데 관심을 보이지 않거나 서툰 모습을 보이는 것은 흔한 일입니다. 아내가 대화를 요구하거나 공감대 형성을 시도하면, 이를 귀찮아하거나 피곤해하며 피하는 것도 다반사입니다. "벽에 대고 얘기하는 것 같다"는 여자의 불만은 이런 남자와 결혼했을 때 극에 달합니다. 남자를 설득하거나 동정을 구하기도 어렵습니다. 이들이 여자의 설득에 따르거나 요구에 응하는 것은 어디까지나 자신들의 목적에 부합할 때뿐이지, 여자 편을 들어 주고 싶어서, 혹은 여자에게 측은지심을 느끼기 때문은 아닙니다. 이 때문에, 여자가 시집살이에 시달리거나, 육아·가사·노동에 지치거나, 앓아누워도 남자는 관심을 보이지 않게 됩니다.

한 번 안 된다면 절대 안 되는 남자. 한 번 돌아서면 절대 다시 되돌리지 않는, 좀처럼 누그러지지 않는 남자. 내 뜻대로 움직여 주지 않는, 매사 너무 완강해서 찔러 볼 엄두도 나지 않는 남자. 돌로 만들어진 것 같은, 무쇠처럼 차갑고 딱딱한 인간, 함께한 세월이 오래될수록 낯설고 어려워지는 남자. 나쁜 남자와 결혼한 여자들의 일반적인 소감입니다.

한 가지 장점이라면 자주 싸울 일은 없다는 겁니다. 나쁜 남자 유형에 가까울수록 함께 살아서 싸우는 횟수는 줄어듭니다. 무신경하고 관계에 집착하지 않는 대신, 사소한 것에 목숨 걸지 않기 때문입니다. 대부분의 경우 대범한 모습을 보입니다. 그 대신, 한번 싸우면 끝장을 보는 경향도 강해집니다. 상대를 용서하거나 사과하는 일도 없습니다. 한번 아니다 싶으면 영원히 등을 돌려 버리기 때문에 관계가 그대로 끝나 버리는 경우도 많습니다. 남자가 용서하거나 사과하는 등 화해와 관계 회복을 위해 나서는 것은 어디까지나 그래야 할 목적이 있을 때뿐입니다(혹은 다른 선택의 여지가 없거나).

나쁜 남자 유형은 여러모로 중간이 없는 '모 아니면 도' 유형입니다. 크게 성공하지 않으면 쫄딱 망해서 거리에 나앉을 수도 있고, 심한 경우에는 전과자가 되어 몰락할 수도 있습니다. 여자에게 마음이 있을 땐 세상 둘도 없는 다정한 연인이지만, 마음이 떠나면 세상 둘도 없는 냉혈한으로 돌변해 여자를 비참하게 만들 것입니다.

4. 무책임형

사례 1

세일즈맨 B씨. 단골이었던 미장원의 헤어드레서에게 한눈에 반해 몇 달 동안 끈질기게 구애. B씨의 볼품없는 외모에, 직업도 마음에 들지 않았던 헤어드레서는 몇 달 동안 B씨를 피해 다녔지만, B씨는 아침 점심 저녁 가리지 않고 반년이 넘도록 끈질기게 미장원에 출몰하며 얼굴 도장을 찍고 다님. "남자가 이렇게 지극정성 성실하면 결혼해서도 성실하겠지" 이런 생각이 든 헤어드레서는 마음을 바꾸고 B씨와 결혼. 하지만 B씨는 결혼하자마자 사람이 180도 바뀜. 집에 잘 안 들어오고, 설사 들어오더라도 아무것도 안 함. 집에서 빈둥대며 모든 집안일을 아내에게 떠넘김. 아내의 닦달에 마지못해 걸레질이라도 하게 되면 발로 대충 바닥에 물 바르는 시늉만 하다 도로 소파에 누워 버림. 아내는 남편이 얼마를 버는지도 모른 채 그 어떠한 경제적 지원도 받지 못했고, "남편이라는 게 왜 있는지, 이 결혼 왜 했는지 모르겠다"라는 결론에 도달. 이혼을 진지하게 고민하기 시작함.

사례 2

사업가 C씨. 1935년생. 명문대 석사 학벌의 인텔리 여성에게 반해 끈질기게 구애. 결혼해서 두 명의 자녀를 낳음. C씨는 결혼 후에도 아내에게 극진했지만 경제적인 측면에서는 심각한 무능력자로 판명. 말로는 조선 최고의 부자가 돼 대대손손 호강시켜 주겠다고 했으나 현실은 허황된 망상 속 공염불. 계속 실패하는 사업 빚을 감당하지 못하고 아내가 모은 돈까지 끌어 쓰는 신세로 전락. 빚쟁이들에게 쫓겨 자식 결혼식에도 가지 못하는 상황에 몰리면서도 끊임없이 현실 가능성 없는 허무맹랑한 사업만 터뜨리며 몰락. 아내가 벌어 오는 돈으로 겨우 먹고살면서도 끊임없이 오대양 육대주를 누비고 다니며 꼼짝없이 망할 사업 아이템만 수집. 수십 년간 홀로 악전고투 가정의 생계를 책임진 아내는 늘그막에 극심한 관절염으로 고통받다 불치병으로 몸져누움. C씨는 아내의 거동이 불가능해지자 그제야 가정을 돌보기 시작.

남자는 여자와 가정을 꾸리면 책임감을 갖습니다. 경제적으로, 심리적으로, 남자는 결혼한 여자와 가정에 책임감을 갖고 부양 능력을 발휘합니다. 그런데 그러지 못하는 남자들이 있습니다.

1) **사례 1**처럼 원래 가정에 책임감이 없는 타고난 결혼 결격 사유자이거나,

2) **사례 2**처럼 책임감은 있지만 그럴 능력은 없는 무능력자입니다.

세상은 가정에 무책임한 남자를 단죄하지도 않고, 그런 남자와 결혼한 여자에게 보상을 해 주지도 않습니다. 남자의 무책임에 대한 대가는 고스란히 여자가 홀로 짊어져야 할 짐입니다. 그래서 여자는 결혼 전 남자가 가정을 책임질 수 있는 사람인지 판단해야 합니다. 남자가 가정을 책임지지 않고 내팽개치거나, (속된 말로) 말아먹거나, 가난의 구렁텅이로 몰아넣지는 않을지 판단해야 합니다. 그런데 모두가 알다시피, 이게 쉽지 않습니다.

의도가 중요하다는 사람들이 많습니다. 여자들은 남자의 의도를 대단히 중요하게 생각합니다. 그래서 사례 1과 2는 다르다고 생각합니다. 하지만 남자의 본래 의도가 선했다고 여자의 불행이 보상받는 일은 없습니다. 불행한 결혼으로 망가진 몸이 낫는 경우도 없습니다. 가정에 대한 책임은 '의도'가 아닌 '결과'로 판단해야 합니다. "나는 원래 잘하려고 했다" 이런 남자의 공염불이 여자의 인생을 나락으로 몰고 갑니다.

"그래도 마음은 착하다" 이런 정신 승리가 여자의 인생을 지옥에서 벗어나지 못하게 만듭니다.

우리는 결과에 집중합니다. 남자의 인성이 아닌 기능에 초점을 맞추기로 합니다. 가정에 책임을 다하려는 '마음'이 아닌 실제로 그렇게 할 수 있는 '능력'을 보기로 합니다. 사례 1과 2의 남자는 결국 같은 유형입니다. 의도나 생각이 어떠했든, 가정에 책임을 다하지 못했다는 공통점으로 뭉쳐진 유형입니다. 가정에 대한 책임을 다하지 못하는 남자들은 본질적으로 닮은 구석이 많습니다.

가정을 책임지지 못하는 남자들의 가장 뻔한 공통점은 '게으름'입니다. 해야 할 일을 안 하는 겁니다. 시켜도 안 하는 겁니다. 그런데 이런 남자는 누구나 결혼 전에 알아볼 수 있습니다. 해야 할 일을 시켜도 안 하는 남자와 결혼을 하겠다는 여자를 교화할 방법은 없습니다. 이런 분들은 남자 구분법이 쓸모없는 분들이며 그냥 본인 뜻대로 살면 됩니다.

문제는, 시키면 하는데 그래도 여전히 게으른 남자들이 있다는 겁니다. 자발적으로 움직이지 않는 남자들입니다. 몸뚱이가 제때 움직이지 않는 남자들입니다. 집이 더럽다 싶으면 치우는 것이 정상입니다. 방에 불이 나갔으면 전등을 교환하는 것이 정상입니다. 불편하면 정리하고, 문제가 생기면 고치는 것이 정상입니다. 이걸 안 하는 겁니다. 나중으로 미루고 미루다 결국 안 하는 겁니다. 밖에서는 근면 성실하게 일하는 것 같아도 이렇게 본능적으로 미루고 안 하는 습성이 있으면, 결혼해서는 모든 책임을 아내에게 떠넘기게 됩니다.

선천적 게으름 때문이기도 하지만 선천적 둔감함 때문이기도 합니다. 예민하고 까다로운 남자들은 더러운 꼴, 불편한 꼴을 두고 보지 못합니다. 남이 뭐라고 하기 전에 자기가 먼저 알아서 정리 정돈, 문제 해결에 나섭니다. 둔하고 미련한 남자들은 자발적 문제 해결 능력이 떨어집니다. 문제를 인지하는 능력도 떨어지고, 몸을 제때 움직일 확률도 낮습니다. 이는 걸레질을 안 하거나 형광등을 갈지 않는 사소한 문제에 머물지 않습니다. 경제 문제, 관계 문제, 이주·이직·사고 등 환경 변화에도 똑같이 둔하고 미련한 태도를 보입니다. 뭔가 잘못됐다, 고쳐야겠다, 개선해야겠다, 이런 의식이 퇴화한 것입니다. 이런 남자와 오래 같이 살수록 가정은 더 엉망이 되고, 더 불편해지고, 더 가난해집니다.

계속 강조합니다. 의도를 보지 말고 결과를 보라고. 인성을 찾지 말고 기능을 찾으라고. 집에서 쓰레기통도 안 비우고, 설거지도 안 하고, 불 나간 전등도 안 가는, 기본적인 생활의 절도가 없는 남자는 결혼 생활에 필요한 기능이 없는 것입니다. 결혼하면 잘하겠지, 얘기하면 듣겠지, 이런 비현실적인 자기 합리화는 그만두고, '기능이 있는지 없는지'만 판단하면 됩니다. 지금 저렇게 몸뚱이가 스스로 안 움직이는데, 그러면 기능이 없는 것 아닌가, 제대로 작동하지 않는 것 아닌가, 불량품 아닌가, 이렇게 말입니다. 남자는 스스로 알아서 움직여야 합니다. 불편한 게 있으면 편하게 만들고, 문제가 있으면 문제를 해결하는 모습을 보여야 합니다. 그래야 결혼해서 가정을 책임집니다. 집 쓰레기도 치우고, 형광등도 제때 갈고, 아이 기저귀도 갈고, 젖병을 물리게 됩니다. 아무리 하기 싫어도, 아무리 투덜대고 안 하려고 해도, 결국 하게 됩니다. 원래 그런 기능이 장착돼 있기 때문입니다.

둔하고 게으른 것만큼 심각한 것이 바로 꼼꼼하지 못한 겁니다. 가정을 책임지지 못하는 남자들 대다수가 갖는 버릇입니다. 뭐든 대충 하는 버릇. 걸레질을 발로 대충 하는 건 사소한 습관일 수 있습니다. 어쩌다 한 번 그런 것일 수도 있습니다. 하지만 데이트하는데 지갑을 들고 오지 않거나, 여행 가는데 여권을 두고 오거나, 약속이 있는데 늦잠을 자 버리거나, 이런 건 사소한 습관이 아닙니다. 문제가 있는 것입니다. 정말 어쩌다 한 번, 10년에 한 번 있는 일이라면 모르겠습니다. 하지만 이런 꼴을 두 번 이상 봤다면 이건 결함이 있는 것입니다. 흔한 표현으로 '나사 빠진' 겁니다.

남자가 자주 덤벙대고 실수하고 일을 망치는 건 절대로 귀엽게 볼 일이 아닙니다. 집중하지 못하는 버릇, 신중하지 못한 버릇, 생각 없이 대충 하려는 버릇, 대책 없이 일단 저질러 보는 버릇이 있기 때문에 그러는 것입니다. 사람의 무능, 무신경, 불성실을 알리는 신호입니다. 이런 것이 남자의 일상이자 행동 패턴이면 이 남자는 사회생활은 물론 결혼 생활에서도 치명적인 문제를 일으키게 됩니다.

꼼꼼하지 못할수록, '그까짓 거 대충' 하는 습관이 뿌리 깊을수록, 요행에 기댈 확률이 높아집니다. 계획대로, 계산대로 차근차근 일이 진행되는 걸 꺼리게 됩니다. 철두철미하게 계획을 세우고 시행착오를 통해 천천히 조금씩 나아지는 것을 마다하게 됩니다. 대신 뭐든 대충 한 방에 이뤄지는 걸 찾습니다. 자기 노력이 아닌 것을 탐하는 경향이 강해집니다. 결국 운에 기대게 됩니다. 그 결과, 한 집안의 가장으로서 절대 하지 말아야 할, 가정을 몰락시킬 수밖에 없는 최악의 일을 저지르는 상태로 치닫습니다. 자기 노력이 아닌 것을 탐하게 되면 남에게 아주 쉽게 이용당합니다. 사기를 당하고, 투기성 사업에 재산을 날리고, 주식과 코인 판에 돈을 잃고, 도박에 탐닉하게 됩니다.

말이 많은 것도 이런 남자들의 중요한 공통점입니다. 공수표 남발, 허황된 미래, 허세, 허풍, 과시, 과장은 가정을 책임지지 못하는 남자들의 트레이드 마크입니다. 실력이 없으니까, 결과를 내지 못하니까, 몸뚱이를 움직이지 않으니까, 말하는 재주에 집중하게 됩니다. 결혼 전에도 후에도 언제나 똑같이 여자에게 지키지 못할 약속을 남발하게 됩니다. 여자에게 "호강시켜 주겠다"는 큰소리를 자주 치게 되며, 아무것도 아닌 걸 부풀리거나, 허세를 떨거나, 쓸데없는 과시와 과장을 하게 됩니다.

자신의 말에 책임지는 남자는 지키지 못할 약속은 하지 않습니다. 책임을 다하는 남자는 어떤 약속이든 신중히 할 수밖에 없습니다. 왜냐하면 정말로 해 줘야 한다고 생각하니까. 반드시 결과를 보여 주고 싶으니까. 책임을 다하는 남자는 결과를 갖고 말합니다. 장밋빛 전망만 갖고 말하려 하지 않습니다.

가정을 책임지지 못하는 남자의 패턴을 이해해야 합니다. 지키지 못할 약속을 늘어놓고, 자기 자신을 포장해서 환심을 사는 데 집중합니다. 그리고 약속을 지키지 못하면 변명과 거짓말을 합니다. 자신에게 문제가 있어서 그런 게 아니라고 남 탓을 합니다. 문제를 인정하지 않으니 같은 패턴이 반복됩니다. 실현 불가능한 약속을 늘어놓고, 자기 자신을 과대 포장하고. 그 결과, 주변인들의 삶은 나락으로 치닫습니다.

나쁜 남편감의 네 번째 공식입니다. "결과보다 약속. 행동보다 말." 이런 남자일수록 나쁜 남편감입니다. 진심과 의도를 강조하는 남자, 약속을 남발하는 남자. 더 이상 볼 것도 없이 여자의 결혼 생활을 고통과 결핍으로 몰고 가는 나쁜 남편감입니다. 우리는 남자의 의도와 진심이 얼마나 쓸데없는 미사여구인지 깨닫습니다. 남자의 의도와 진심만 믿을 거라면 이 세상에 나쁜 남편감은 존재하지 않습니다. "나의 의도와 진심은 거짓이 아니었다고, 나는 언제나 최선을 다했다"라고 입만 놀리면 되기 때문입니다. 남자 구분법의 중요한 법칙입니다: "남자의 '의도'와 '진심'을 중시하는 여자일수록 결혼해서 가난하고 불행해집니다. 반대로, 남자의 '행동'과 '결과'를 중시하는 여자일수록 결혼해서 부유하고 행복해집니다." 전자는 운에 기댈 수밖에 없는 비루한 인생을 사는 것이고, 후자는 무슨 일이 닥쳐도 나아지는 인생을 사는 것입니다. 남자 구분법의 법칙은 여자의 인생을 결정짓습니다. 단순한 취사선택의 문제도 아니고 일시적 판단 착오의 문제도 아닙니다. 앞으로의 인생을 결정짓는 사리 분별의 문제입니다.

가정을 책임지지 못하는 남자들 특징을 정리해 봅니다. 게으르고, 둔하고, 불성실하고, 꼼꼼하지 못한. 말만 앞서고 결과는 뒷전인. 세상을 모르는. 현실을 무시하는. 아무리 일을 벌이고 발버둥 쳐도 좋은 결과가 나지 않는. 기능적 관점에서 사람을 본다고 했습니다. 불량품이라고 했습니다. 아무리 의도가 선량해도, 아무리 가정을 책임지고 싶은 의지가 강해도 그렇게 하지 못하는 겁니다. 왜냐하면 그런 기능이 없으니까. 불량품이니까.

여기 또 다른 종류의 불량품이 있습니다. 부지런하고, 예민하고, 꼼꼼한데 가정을 책임지지 못하는 남자들이 있습니다. 미국 드라마 「브레이킹 배드」의 주인공 월터 화이트입니다.

사례 3

21세기 최고의 TV 시리즈였던 「브레이킹 배드(Breaking Bad, 2008-2013)」는 남자의 자존심에 관한 작품이었다. 주인공 월터 화이트는 시리즈 내내 자신이 마약왕이 된 것은 가족을 위해서였다고 항변한다. 그러다 마지막에 이실직고한다. 사실은 자기가 그러고 싶어서 그런 거라고. 순전히 자신을 위해 그 모든 짓을 벌인 거라고. 이 작품은 몰락한 천재 화학자 월터 화이트가 세차장 알바로 일하면서 남의 자동차 바퀴를 닦는 장면부터 시작한다. 그리고 이 모습을 그가 가르치는 학교 학생들이 낄낄대며 휴대폰으로 찍는 장면이 이어진다. 착하고 순했던 모범 가장 월터 화이트가 마약왕이 된 계기다…. 이 작품은 남자 자존심의 실체를 보여 준다. 남자의 자존심은 어떤 경우에도 이타적일 수 없으며, 대부분 자기 파괴적 결과로 나타난다. 가족을 위해, 아들의 학자금을 벌기 위해 마약을 제조했다지만, 실은 짓밟힌 자신의 자존심을 보상받기 위한 몸부림이었다. 그는 옛 동료가 건넨 암 치료비도, 높은 연봉의 일자리도 모두 거절했다. 본인의 알량한 자존심 때문에 합법적으로 가족을 풍족하게 해 줄 모든 수단을 걷어차 버렸다.

그리고 마약왕 하이젠버그의 길을 걸었다. 가족을 위한 길이라는 미명하에. 월터 화이트는 마지막에 아내에게 고백한다―나, 하이젠버그에 소질 있었다고. 살아 있는 기분이었다고.

오래전, TV 방송에 나왔던 어느 가장이 떠오릅니다. 일생일대의 경천동지할 특허를 받겠다고 30년 넘게 가정을 내팽개치고 혼자 연구에 몰두했던 이 가장의 이야기는 당시 많은 사람들에게 충격을 주었습니다.

사례 4

2013년 10월 29일 방송된 KBS 2TV 「대국민 토크쇼 안녕하세요」에 등장한 가장. 20년 넘게 특허 개발에만 열중해 생계는 전혀 돌보지 않았고, 그 때문에 아내가 갖은 허드렛일로 가족을 부양. 아들은 고생하는 어머니를 두고 볼 수 없어 고등학생 때부터 온갖 아르바이트를 했고, 명문대에 합격했지만 장학금을 주는 지방대에 입학할 수밖에 없었음. 가장은 착한 사람이었음. 성실하고 꼼꼼하고 예민한 남자였음. 하지만 남자는 실패한 가장이자 최악의 남편으로, 한 번도 밖에 나가 돈을 벌어 온 적이 없으며, 아내와 자식들이 경제적 궁핍에 고통받는 걸 뻔히 보면서도 자신의 고집을 꺾지 않았음. 자신은 가족의 번영을 위해 그랬다고 항변하지만 이 말에 가장

> 혐오감을 느낀 건 그의 가족들이었음.
>
> —특허 개발에 빠져 생계는 외면한 아버지 사연 '안녕하세요' 우승, 뉴스엔, 2012. 10. 30.

우리는 월터 화이트와 이 '특허왕' 가장의 공통점을 발견합니다. 가족보다 자신이 더 중요한 겁니다. 입으로는 가족을 위해 그랬다고 주장하지만 실제론 그 반대입니다. 가족이 중요한 게 아니라 자기 자존심이 중요했던 겁니다. 가족이 아니라 자기 자존심을 위해 지금껏 그렇게 살았고, 앞으로도 그렇게 살 것입니다. 가족의 궁핍은 가장의 실체를 말해 줍니다. '의도'와 '진심'이 아니라, '그 가족이 누리는 삶의 질'이 가장의 실체를 증명합니다. 이 남자들은 자존심을 위해 거짓말을 한 것입니다. 가족을 위해 몸뚱이 움직일 생각은 처음부터 없었던 것입니다. 처음부터 나를 위해서만 움직이도록 프로그래밍돼 있었던 것입니다. 나를 위해, 내 자존심을 위해 가족을 희생하기로 설계돼 있었던 겁니다.

자존심은 남자들의 이기주의를 대표하는 많은 단어 중 하나입니다. 도덕, 의리, 평판, 이념, 이상 등 남자들은 다양한 이기적 명분으로 가족을 희생시킵니다. 의리라는 명분으로 번 돈을 전부 다 기부해 버리고 아내의 삶을 궁핍으로 몰고 간 어느 연예인이 떠오릅니다. 아직도 TV에 나와 자기는 세상을 위해 좋은 일을 하는 '의리의 협객'이라고 포장합니다.

그런 자신을 지지해 주는 아내에게 고맙고 미안하다지만, 정말로 아내에게 고맙고 미안했으면 그런 행동을 중단했을 것입니다. 처음부터 그런 마음은 없었던 겁니다. 아내와 가정을 위해 사는 기능은 원래 없었던 겁니다. 이 남자는 앞으로도 계속 '의리'를 위해 가정을 희생시킬 것이며, 세상 모든 칭찬과 격려와 관심을 혼자 독차지할 것입니다.

'의리의 협객'이 보여 준 가장의 분별없는 기부와 선행은 매우 악랄한 형태의 이기주의입니다. 가족의 입에 들어갈 밥을 빼앗아 남의 입에 넣어 주는 것입니다. 이런 행동을 하는 이유는, 사회 발전이나 공공의 이익 때문이 아니라, 자기 자신을 만족시키기 위함입니다. 이런 행동으로 누구를 행복하게 만들기 위함이 아니라 제 자신의 격을 높이기 위함입니다. 제 가족 배불리 먹이는 건 식상하니까, 남들 다 하는 거니까, 특별할 게 없으니까, 남의 가족을 배불리 먹이기로 한 것입니다. 그렇게 특별해지고 싶은 겁니다. 남들보다 높아 보이고 싶은 욕구, 도덕적 신분 상승의 뿌듯한 마음을 느끼고 싶은 겁니다. 그래서 가족을 굶기고 아무 관련도 없는 사람들에게 선행을 베풀고 다니는 겁니다.

우리는 국가를 위해 가족을 희생시킨 '애국자'들을 같은 시각으로 바라봅니다. 우리는 일제 강점기 시절 독립운동가들이 그의 가족들에게 어떤 행동을 했는지 배운 바 없습니다. 이들의 위인전에는 언제나 똑같은 미사여구뿐입니다. '대의명분'을 위해 모든 걸 희생한 남편을 무조건적으로 지지하는 애국지사 아내의 이야기뿐입니다. 그들의 처자식들이 실제로, 정말로, 남편과 아버지에 대해 어떤 생각을 했는지는 아무도 알려 주지 않습니다. 이들이 어떤 비참한 인생을 살았는지는 굳이 알려 주지 않아도 알 수 있습니다. 긴 병에 효자 없다고, 제 부모의 오랜 병환에도 마음이 돌아서는 것이 인간인데, 과연 남편의 '강제적 고통 분담'에 마음이 변치 않을 사람이 얼마나 될까 궁금합니다.

그들은 "나라가 없으면 가족도 없다"라고 주장하지만 이는 사실 관계를 반대로 왜곡한 거짓말입니다. 가족이 먼저고 나라가 나중입니다. 가족이 먼저 생기고 나라가 생겼습니다. 우리는 가족의 안위를 지키기 위해 나라를 만들었습니다. 나라에 세금을 내고 의무를 다하는 까닭은 나라가 가족의 안위를 지켜 줄 것이라는 믿음 때문입니다. 나라가 없으면 가족도 없다고 거짓말을 하는 까닭은 가족을 책임질 의사가 없기 때문입니다. 애당초 자기만족 때문에 그랬던 겁니다. 개인의 감정, 알량한 자부심, 사회적 우월감 때문에 그랬던 겁니다. 거기에 가족은 끼어들 자리가 없었던 겁니다.

우리는 사회운동가, 광신도, 특정 정당의 열성 지지자 등 가정에 책임을 다하지 않는 다른 종류의 남자들도 같은 시각으로 바라봅니다. '공공의 이익Greater good'을 위한 희생이라 주장하지만, 가정에 최소한의 도리도 못 하는 남자가 정말로 공공의 이익에 기여할 가능성은 없습니다. 이들의 목적은 공공의 이익이 아니라 개인의 영광입니다. 가족을 희생시켜 자신의 명예를 드높이려는 극단적 이기주의입니다.

수신제가치국평천하. 내 처자식이 먼저 행복해야 국가도 사회도 행복하다는 상식. 가족이 있어야 사회도 국가도 있다는 상식. 먹을 게 생기면 내 가족 입에 먼저 넣어 주는 게 당연하다는 상식. 이런 상식이 없는 남자는 결혼하면 안 됩니다. 그렇게 공공의 이익이 중요하면 공공의 이익을 위해 가족을 희생시키지 말고 혼자 살면서 자기 한 몸 불사르면 됩니다. 결혼하지 않아도 할 수 있는 일입니다. 기본적인 상식의 문제입니다. 결혼하지 않고 사는 것이 '공공의 이익', 더 많은 사람을 위한 길입니다. 애당초 가정을 돌볼 생각은 눈곱만큼도 없었으면서 공공의 이익을 명분으로 혼자만의 입신양명을 위해 가정을 희생시키는 건 남자가 할 수 있는 가장 악랄한 위선입니다.

부지런하고 꼼꼼한데 가정을 책임지지 못하는 남자들은 그 외에도 다양한 종류가 있습니다. 취미가들이 대표적입니다. 게임이나 오디오, 원예, 수집, 이런 가정 내에서 즐기는 취미는 대체로 좋은 남편감들이 많이 공유하는 '무해한' 취미인 데 반해, 여행, 낚시, 사진, 드라이빙처럼 밖에 나가야만 즐길 수 있는 취미는 대부분 나쁜 남편감들이 좋아합니다. 그럴 수밖에 없습니다. 그런 취미에 심취하면 가정에 충실하고 싶어도 충실할 수 없으니까. 물리적 가능성을 따지라고 했습니다. 남자가 아무리 훌륭한 남편감의 자질을 갖고 있어도 매주 여행이나 낚시를 가야 한다면 이 남자는 가정에 책임을 다할 수 없는 겁니다. 여행이나 낚시에 적합한 삶은 결혼에 적합하지 않습니다. 여행과 낚시는 도피이고, 결혼은 정착입니다. 도피와 정착은 물과 기름이며 서로 타협이 불가능합니다. 왜? 사람의 몸은 하나이기 때문에.

사례 5

서울의 어느 유명 피부과 원장. 서울대 의대 출신에 착하고 지적이고 부지런한 일등 남편감이었으나 결혼 6개월 만에 이혼당함. 이혼 사유는 가정 소홀. 의학 박사 외에 세 개의 학문 분야에 박사 학위를 가진 이 남자는 취미 활동이 다양했음. 병원 관리만으로도 충분히 바쁜 와중에 미술, 스포츠, 음악, 문학, 철학 등 열몇 가지 분야의 동호회 사람들과 교류를 가졌고, 문화 활동을 위한 전시장 및 카페까지 운영. 그러면서 아내와 가정에는 무관심에 가까울 정도로 소홀했음.

남자의 취미 생활까지 참견해야 하냐며 쓸데없는 걱정을 하기 전에 현실을 직시합니다. 밖에서 바쁘면 가정에 충실할 가능성이 물리적으로 줄어듭니다. 남자의 취미 활동이 남자의 인생 패턴을 말해 줍니다. 남자의 취미가 정착과 안정을 추구한다면 이 남자는 가정에 책임을 다할 가능성이 높은 것이고, 반대로 자유와 도피를 추구한다면 이 남자는 가정에 책임을 다할 가능성이 적은 것입니다. 배우 엄앵란 선생님의 명언을 떠올립니다. 남편 신성일을 가리켜 "대문 밖의 남자"라고 했습니다. 대문 안에서는 살 수 없는 남자. 대문 밖에 인생이 있는 남자. 이런 남자에게 여자가 기대할 수 있는 건 돈을 벌어 올 사냥 능력 뿐인데, 그마저도 대문 밖의 인생을 위해 탕진해 버릴 수 있습니다. 신성일이 그랬던 것처럼.

우리는 가정을 책임지지 못하는 남자들의 근본적인 문제를 이해합니다. 천성적으로 게으르든, 불성실하든, 꼼꼼하지 못하든, 비현실적이든, 무슨 이유이든 가정을 책임지지 못한다면 여기에는 다른 변명이 있을 수 없습니다: 이들은 가정보다 자기 자신이 더 중요한 것입니다. 내가 더 중요하니까 책임을 다하지 않는 겁니다. 가정에 책임을 다하는 것보다 내 한 몸 편하고 내 기분 행복한 게 더 좋은 것입니다.

나쁜 남편감의 마지막 공식입니다. "내가 더 중요한 남자."

첫 번째 유형으로 이야기한 친구 많고 술 잘 먹는 남자. 이들이 나쁜 남편감인 이유도 가정보다 자신이 더 중요하기 때문입니다. 가정을 책임지는 것보다 술자리에서 웃고 떠드는 게 더 좋기 때문입니다.

두 번째 유형으로 이야기했던 귀여운 남자 유형, 철부지 어린애 같다고 했습니다. 왜 내 마음 몰라줘! 나 이거 하고 싶어! 왜 나 무시해! 이러는 겁니다. 남자가 예측 불가능한 것도 심각한 문제지만, 더 심각한 문제는 '자기 자신만 생각한다'는 겁니다. 나만 중요하고, 다른 사람은 안 중요한 겁니다. 내가 너무 중요하니 다른 사람은 안중에 없는 겁니다. 말로는 아무리 다른 사람에게도 잘해 준다고 노력해도 그렇게 안 되는 겁니다. 내가 더 중요하니까. 나만 너무너무 중요하니까.

세 번째 유형으로 이야기했던 나쁜 남자 유형도 그렇습니다. 자기 중심적이기에 모든 문제가 발생합니다. 아무리 매력적이고 유능하고 뛰어나도, 자기 중심적이기에 여자와 가정에 비극을 가져옵니다. 아무리 사랑했어도, 아무리 책임감을 느껴도, 내가 더 중요하기에 책임을 다하지 않는 겁니다. 머리로는 어떤 생각인지 몰라도, 처음부터 "내가 더 중요하다." 이런 유전자를 타고 났기에 마땅히 해야 할 책임을 저버리고 자기 자신에게 집중하게 됩니다.

나쁜 남편감의 마지막 공식을 다시 이야기합니다: 내가 중요한 남자일수록 나쁜 남편감이 되고, 내가 중요하지 않은 (대신 가정이 중요한) 남자일수록 좋은 남편감이 됩니다. 너무 당연한 말이지만, 대부분 이런 남자를 구분하지 못합니다. 내가 더 중요한 남자가 어떤 남자인지 구분도 못 하고, 이런 남자가 나쁜 남편이 된다는 사실도 모릅니다. 왜냐하면 매력 있어 보이기 때문입니다. 사람 좋아 보이기 때문입니다. 겉으로 잘해 주기 때문입니다. 구애할 때마다, 틈날 때마다, 잊을 만하면 여자에게 극진한 모습을 보이기 때문입니다. 그래서 다시 말합니다. 우리는 남자의 이타주의, 동정심, 친절함, 다정함, 인간적 면으로 남편감을 판단하지 않습니다. 이런 건 얼마든지 지어낼 수 있습니다. 그때는 진심이었어도 자고 나면 바뀌기 마련입니다. 진심 타령하는 여자가 남자 관계에서 불행한 결말을 맞는 이유입니다.

5. 돌부처형

사례 1

명망 있는 집안 출신의 의사 프리트헬름 페너. 고등학교 중퇴 학력의 폴란드 이민자 잉그리트에게 불타는 사랑을 느끼고 청혼. 여자도, 섹스도 몰랐던 모쏠 쑥맥 총각 페너는 잉그리트의 육감적인 몸매에 반해 "평생 지켜 주겠다"는 피의 맹세로 결혼. 결혼 직후 페너는 결혼 결격 사유자와 결혼했다는 사실을 깨달음. 잉그리트는 성격 파탄자였음. 남편의 포크 나이프 쓰는 습관까지 간섭하기 시작하더니, 손가락 하나 까딱할 때마다 잔소리에 욕설을 쏟아 내는 미친X이 돼 남편을 괴롭힘. 하지만 페너는 좋은 남편감이었고, "평생을 지켜 주겠다"는 총각 시절의 맹세를 지키기 위해 이혼은커녕 외도 한 번 하지 않은 채 48년의 세월 동안 고통의 가시밭 인생을 감내함. 직장에서도, 집에서도, 페너는 아내에게 하루 24시간 물어뜯기고 가축보다 못한 대우를 받으며 심하게 학대당함. 페너의 인생에서 유일한 낙은 집 정원에 있는 사과나무를 가꾸는 것. 사과나무를 돌보고 있으면 아내의 폭언이 들리지 않는 기적을 경험했다고. 그러다 72살이 된 어느 날 아침, 여느 때와 같이 정원에서 사과나무를 돌보고 있던 페너. 갑자기 문밖으로 튀어나와 자신에게 미친 듯이 욕을 해 대는 잉그리트를 바라보다 머릿속 끈이 탁 끊기는 느낌을 받음. 이후 '자기도 모르게 몸이 저절로 움직였다'고 함. 지하실에 놓아둔 원예용 도끼를 들고 와 잉그리트의 머리를 둘로 쪼개고, 팔과 다리를 몸통으로부터 절단해 버림. 그리고 경찰에 자수. 하지만 50년 가까이 성실하고 충직한 남편으로 살아온 이력, 의사로 칭송받던 사회 평판 등을 이유로 재판에서 (겨우) 3년형을 선고받았고, 2년 뒤 모범수로 가석방.

—『어떻게 살인자를 변호할 수 있을까(페르디난트 폰 쉬라크 저)』중

신혼들에게 기혼자들이 하는 조언이 있습니다. 참고 살라

1장 나쁜 남편감 유형

는 것입니다. 참아야 나중에 후회하지 않는다고, "그때 참을 걸" 하고 후회할 일이 생긴다는 겁니다. 세상 모든 삶의 방식에는 양면성이 있으며, 누구에게는 맞고 누구에게는 틀릴 수 있습니다. 이럴 때는 유익한 방식인데, 저럴 때는 목숨을 해칠 해로운 방식이 되기도 합니다. 결혼한 여자가 참고 살면 어떤 결과를 보게 되는지는 여기서 이야기하지 않습니다. 여기서는 여자 심리에 대해 이야기하지 않습니다. 여기서는 남자 심리에 대해서만 이야기하며, 결혼한 남자가 참고 살면 어떤 결과가 빚어지는지 분명하게 이야기할 수 있습니다. 프리트헬름 페너의 사례는 너무 극단적으로 보입니다. 하지만 사실, 사람을 토막 살해한 부분만 빼면 놀라울 정도로 자주 있는 일입니다. 결혼 내내 참고 사는 남자들에게는 페너의 사례가 절대로 남의 일처럼 느껴지지 않습니다. 사실을 말하자면 "나도 저렇게 될 수 있다"라는 생각을 합니다.

남자들은 기본적으로 참고 살도록 설계되었습니다. 아파도 참고, 스트레스받아도 참고, 슬퍼도 참고, 사적인 문제를 남에게 털어놓는 걸 기피합니다. 엄밀히 말하면, 참고 사는 게 아니라, 속마음을 털어놓지 않는 겁니다. 불만이나 감정을 이야기하지 않는 겁니다. 꼭 필요한 경우에만, 문제 해결을 위해 이야기할 뿐, 이렇다 저렇다 쓸데없는 감정·의견 공유를 하지 않습니다. 다시 말하지만 남자는 목적 지향적 동물입니다. 여자처럼 관계를 지향하지 않습니다. 타인과 사적 감정을 교류하는 게 소름 끼치게 불편합니다. 그래서 대부분 여자에게 이러쿵저러쿵 아무 말 하지 않습니다. 페너처럼 그냥 꾹꾹 억누른 채 입 다물고 살다가 어느 날 갑자기 임계점에 도달하게 됩니다. 이 임계점은 사람마다 다릅니다. 누구는 결혼하고 몇 개월 만에 도달할 수도 있고, 누구는 페너처럼 결혼하고 50년 만에 도달할 수도 있습니다. 중요한 점은 임계점이 높을수록, 즉 임계점에 도달하기까지 더 오래 걸릴수록 폭발력도 강하다는 사실입니다.

  좋은 남편감과 나쁜 남편감을 가리기 전에 남자의 생리를 이해하는 것이 우선입니다. 남자의 생리는 좋은 남편감 나쁜 남편감 가리지 않고 모두에게 공통적으로 적용되며, 아무리 선하고 인내심 강한 천사 같은 남자라도 자연이 부여한 남자의 생리에 지배받을 수밖에 없습니다. 남자의 인내심에 관한 자연 생리는 다음과 같습니다.

1. 남자는 참는 게 아니라 쌓아 두는 것이다.
2. 어떤 남자는 쌓아 두는 '적재소'의 용량이 작지만, 어떤 남자는 크다.
3. '적재소'의 용량이 클수록 쌓아 둘 수 있는 높이(임계점)도 높지만 그만큼 폭발력도 크다.

문제는 남자가 참는 건지 아닌지 여자 입장에서는 알기 어렵다는 점입니다. 진짜 심각한 건 남자가 잘 참을수록, 그러니까 불만을 좀처럼 드러내지 않는 성격일수록 여자는 이 남자가 '그래도 되는 사람'인 줄 안다는 겁니다. 즉, 남자를 자기 마음대로 대한다는 사실입니다. "쟤한테는 그래도 된다"라는 생각은 몰상식해서 하는 생각이 아닙니다. 그냥 같이 살다 보면 저절로 드는 자연 본능적 생각입니다. 인간과 동물의 자연 본능은 어디서나 누구에게나 동일하게 적용됩니다. 상대가 반발하거나 저항하지 않고 마냥 순종하면, 아무리 선량하고 상식적인 사람이라도 "쟤한테는 그래도 된다"라는 범죄적 굴레에 빠져들게 됩니다.

우리는 이 시점에서 사례 1의 프리트헬름 페너가 정말 좋은 남편감이었는지 생각해 봅니다.

1. 이 남자가 진작에 아내에게 그러지 말라고 저항했거나 타일렀다면,
2. 그런 행동이 부당하다는 사실을 당당히 알렸다면,
3. 이런 행동은 모두를 위해 중단해야 한다는 사실을 마땅히 알렸다면,
4. 혹시 그렇게 이야기를 했는데도 아내가 듣지 않았다면,
5. 그래서 이혼을 했다면,

그랬다면 여자도 살고 남자도 살았을 일입니다. 남자는 고통에서 해방되고 여자는 다른 남자를 만나 천수를 누렸을 것입니다.

우리는 '완벽한 남편감'의 진실을 생각해 봅니다. 세상에 완벽한 남편감은 있는지, 과연 완벽한 남편감은 정말 좋은 남편일지 생각해 봅니다. 남자 구분법은 "반드시 정상 범위의 남자를 만나야 한다" 말합니다. 아무리 남자가 완벽한 남편감으로 보여도, 남자가 정상 범위를 벗어나서 "너무 완벽해 보인다"면 이 남자는 절대로 정상적인 남편 노릇을 할 수 없다는 사실을 이야기합니다.

사례 1처럼 무작정 잘 참는 남자의 진실은 이렇습니다.

1. 성격이 비정상이라서 과도하게 잘 참는 것이거나,
2. 정신에 병이 있어서 정상적인 대응을 못 하는 것이거나(인지력 장애, 사회성 장애 등),
3. 아니면 스스로 완벽해 보이고 싶어서,
4. 혹은 사회 평판을 위해서 과도하게 참는 것이거나.

그래서 남자가 너무 잘 참는다, 절대로 화를 내지 않는다? 그러면 여자는 이상하게 생각해야 합니다. '무조건 좋은 남편감'이라고 단정 짓지 말고 "비정상 아닌가" 생각해 봐야 합니다. 이렇게 비정상적으로 잘 참으면 언젠가 임계점을 넘을 것이며, 그때가 되면 더 이상 결혼 생활을 유지하기 불가능할 수도 있다는 생각을 해야 합니다.

좋은 남편감의 첫 번째 정의는 '건강하다'는 것이며, '건강하다'의 최우선 의미는 남자가 정상이라는 것입니다. 남자의 몸과 마음과 생각이 정상 범위 내에 있는 겁니다. 사례 1의 남자는 인내심과 대인관계 기술이 명백히 (그게 아무리 긍정적인 쪽이라도) 정상 범위를 넘어선 경우였으며, 그 결과 그렇게 끔찍한 살인을 저지른 것입니다. 꼭 살인이 아니더라도, 꼭 50년이 지나지 않더라도, 너무 참고 사는 남자는 시한폭탄 같은 존재일 수밖에 없습니다. 운전을 해도, 지하철을 타도, 술을 마셔도, 아니면 아주 사소한 말 한마디에도, 아무도 예상 못 한 시점에 아무도 예상 못 한 돌발 행동을 하게 됩니다. (뉴스에서 접하는 묻지마 폭행, 보복 운전, 엽기 불륜 사건 상당수가 평소 너무 잘 참는, 절대로 화를 내지 못하는, 완벽한 모범생이자 좋은 남편감인 줄 알았던 남자들에 의해 발생했습니다.)

상대가 부당한 행동을 하면 어떤 식이든 항의를 하고 불만을 표시해야 정상입니다. 사회생활에서도 그렇고, 결혼 생활에서도 그렇습니다. 이걸 못 하는 남자는 사회생활을 해도 문제고, 결혼 생활을 해도 문제입니다. 건강한 남자에 대한 정의를 되새깁니다. 남들이 다 하는 거 자기도 하는 게 건강한 겁니다. 화를 낼 때 화를 내는 것, 짜증이 날 때 짜증을 내는 것, 항의를 해야 할 때 항의를 하는 것이 건강한 것입니다. 평소 그렇게 '정상적으로' 살아야 예상할 수 없는 끔찍한 돌발 행동을 예방할 수 있습니다.

반대의 경우도 마찬가지입니다. 참고 사는 남자만 문제가 아니라, 참고 사는 여자도 문제입니다. 그게 어떤 경우라고 해도, 여자를 (너무) 참고 살게 하는 남자는 나쁜 남편감입니다. 여자를 참고 살게 만드는 요인이 남자의 성격일 수도 있고, 말버릇일 수도 있고, 아주 단순한 습관, 행동 패턴일 수도 있고, 경제력일 수도 있습니다. 이것 때문에 결혼 생활에 문제가 있다, 정신 건강에 심각한 악영향을 끼친다, 그러면 남자에게 이야기를 해야 합니다.

1. 남자에게 "그러지 말라, 이건 문제인 것 같다"라고 마음 상하지 않게 이야기하고,
2. 그런 행동이나 상황이 부당하다는 사실을 인지시키고,
3. 우리 모두를 위해 그 행동이나 상황이 중단·시정돼야 한다는 사실을 알리는 겁니다.
4. 혹시 그렇게 이야기를 했는데도 시정이 되지 않는다면,
5. "이혼을 하는 것이 나도 살고 남자도 사는 길이 아닌지" 생각해 봐야 합니다.

남자가 참고 사는 결혼은 피비린내 나는 결말로 이어지고, 여자가 참고 사는 결혼은 황혼 이혼으로 이어집니다. 대부분 여자의 심신은 황혼 이혼 전에 파탄 납니다. 남편 생각만 해도 식욕이 감퇴되고, 남편 가까이 있기만 해도 소화 불량이나 구토증이 발생하다 병원 신세를 지기도 합니다. 설사 참고 살아야 하는 포인트가 남자의 행동이 아닌 외모, 냄새, 습관이라 할지라도 여자가 너무 오래 고통을 받아야 한다면 이건 결혼 결격 사유인 것입니다. 결혼은 이상이나 규범이 아닌 현실입니다. 현실적으로 생각해야 합니다. 더 이상 견딜 수 없다면, 다른 남자를 만나는 것이 유일한 해결책이라면, 지금 당장 이혼을 고려해야 합니다.

우리는 정상적인 결혼, 지속 가능한 결혼에 대해 생각합니다. 어느 한쪽의 일방적인 희생과 인내로 유지되는 결혼이 정말 정상적인 혹은 지속 가능한 결혼인지 생각해 봅니다. 세상 어떤 결혼도 어느 한쪽의 희생을 전제로 만들어지지 않았습니다. 결혼은 원래 서로 주고받는 게 있는, 서로에게 이로운 상호 호혜적 제도였습니다. 그랬기에 지금껏 지속돼 왔습니다. 어느 한쪽이 일방적으로 부당하게 참아야 한다면, 이는 정상적인 결혼이 아니며, 지속 가능하지 않습니다. 어느 한쪽의 일방적인 희생이나 완전한 주종 관계로 유지되어야 하는 결혼이라면 유지하지 않는 쪽을 택하는 것이 나을 수 있습니다.

나쁜 남편감 특징 요약

우리는 남자가 지어낼 수 없는, 바뀔 수 없는 특징을 남편감의 판단 기준으로 삼습니다. 결혼 전에도 후에도, 집 안에서도 밖에서도, 젊어서도 늙어서도, 검은 머리 파뿌리 되도록, 남자가 언제나 한결같을지 구분하는 법은 '행동 패턴'을 보는 것입니다. 우리는 지금껏 살펴본 나쁜 남편감 공식들, 아내와 가정에 책임을 다하지 않는 남자들의 행동 패턴을 정리합니다. 그리고 이를 통해 결혼 뒤 책임을 다하는 남자의 행동 패턴을 유추합니다.

우리는 남자 구분법의 목적을 되새깁니다. 결혼해서 아내와 가정에 책임을 다할 남자를 고르는 겁니다. 멋진 남자도 아니고, 인기 많은 남자도 아닙니다. 말 잘하는 남자도 아니고, 섹스를 잘하는 남자, 사랑꾼 남자도 아닙니다. 유명한 남자도 아니고, 존경받는 남자도 아니고, 위인전에 이름이 실릴 남자도 아닙니다. 한 여자와 결혼해 한 여자를 위해 인생 바칠 남자를 고르는 겁니다. 그럴 것 같은 남자, 그럴 것이라고 약속하는 남자가 아니라, 그럴 수밖에 없게 만들어진 남자, 태생적으로 그런 운명을 타고난 남자를 고르는 겁니다.

집 밖에서는 프린스 차밍, 집 안에서는 인간 쓰레기

선배, 상사, 친구, 동료에게 깍듯하거나 사회적 관계를 극진히 챙기는 남자일수록 집에서 아내에게는 그러지 못하게 됩니다. 밖에서 잘하는 남자일수록 안에서도 그럴 확률은 낮아집니다. 마찬가지로, 결혼 전 여자에게 너무 잘해 주는 남자일수록 결혼 후에는 그렇지 않을 확률이 높습니다. 둘 다 잘할 수도 있는 것 아니냐. 항상 그럴 수 있는 것 아니냐. 그렇게 생각할 수 있습니다. 그렇다면 부모에게 잘하는 남자가 아내에게는 얼마나 잘하는지 생각해 봅니다. 결혼한 남자가 자기 부모와 아내 모두에게 잘하는 게 당연하다면 '시댁 스트레스'라는 개념은 왜 생겼는지 생각해 봅니다. 부모에게 잘하는 남자가 아내에게도 잘하는 게 일반적이라면 대체 왜 여자들은 시집의 '시'자만 들어도 몸서리치는지 생각해 봅니다.

우리는 물리적 가능성과 함께 심리적 가능성을 고려합니다. 인간은 양극단의 심리 특징을 동시에 갖지 않습니다. 인간은 외향적인 동시에 내향적일 수 없으며, 감상적인 동시에 현실적일 수 없습니다. 충동적인 동시에 이성적일 수 없으며, 목적 지향적인 동시에 관계 지향적일 수 없습니다.

그러므로 밖에서 잘하는 남자는 1) 애당초 사회생활에 에너지를 집중하는 심리 구조를 갖고 태어난 것이며, 2) 밖에서 대부분의 에너지를 소모하기 때문에 안에서는 그럴 만한 의

욕도 에너지도 남지 않게 됩니다.

마찬가지로, 결혼 전에 너무 잘해 주는 남자는 1) 애당초 처음 여자를 꼬드기는 데 최적화 된 심리 구조를 타고난 것이며, 2) 결혼 후 아내와 가정에 책임을 다하는 데 소홀하거나, 3) 외간 여자를 꼬드기는 데 최선을 다하게 됩니다.

남자 구분법은 언제나 시소 게임과 같습니다. 한쪽으로 기울어지기 마련입니다. (아니면 기울어지지 않고 평평하게 유지되거나.) V 자형 시소가 있어서 양쪽에 다 잘하는 경우도 있고, 역V 자형 시소가 있어서 어느 쪽에도 다 못하는 경우가 있을 수도 있습니다. 하지만 극히 드문 경우입니다. 남자 구분법에서는 10년에 한 번 만날까 말까 한 희귀한 남자까지 설명하지 않습니다. 직장에서, 취미 모임에서, 소개팅에서, 결혼정보회사에서, 거리에서, 일상에서 항상 만나는 정상 범위 내의 일반적인 남자들을 이야기합니다.

다시 정리합니다. 밖에서 잘하는 남자일수록 안에서 잘할 가능성은 적습니다. 외향적인 사람일수록 내향적이기 어려운 것처럼, 사회성이 뛰어난 남자일수록 가정적일 가능성은 줄어듭니다. 밖에서 잘 노는 남자, 밖에서 과시하고 뽐내고 즐기는 남자, 이런 남자가 가정에 책임을 다할 것이란 생각은 접어야 합니다. 마찬가지로, 결혼 전 너무 잘하는 남자일수록 결혼 후 잘할 가능성은 적습니다. 가정에 책임을 다하지 않는 건 기본이고, 가정을 내버린 채 가정에 대한 책임을 잊고 외도를 저지를 가능성도 높습니다. 모험 지향적인 사람이 안정 지향적이기 어려운 것처럼, 연애 기술이 뛰어난 남자일수록 가정에 충실할 가능성은 줄어듭니다. 결혼 전 여자의 비위를 귀신같이 잘 맞춰 주며 간이고 쓸개고 다 빼다 줄 것 같은 남자는 결혼 후 아내에게 관심을 잃게 됩니다. 다른 여자 비위 맞추며 간도 쓸개도 다 빼다 줘야 하기 때문입니다.

좋은 남편감의 정의를 단순하게 내려 봅니다. 밖에서 잘하는 남자가 아니라, 안에서 잘하는 남자입니다. 자기 부모, 친구, 직장 사람들에게 잘하는 남자가 아니라 자기 처자식에게 잘하는 남자입니다. 결혼 전에 잘하는 남자가 아니라 결혼 후에 잘하는 남자입니다. 결혼 전 여자 환심 사는 데 특화된 남자가 아니라 결혼 후 형광등을 갈고, 하수구를 뚫고, 처자식에게 맛있는 걸 먹이는 남자입니다. 밖에서 잘하니까, 부모에게 잘하니까, 친구들에게 잘하니까 여자에게도 잘하겠지. 이런 착각을 하는 여자가 결혼하면 불행해지는 이유입니다. 결혼 전에 잘했으니까, 연애할 때 극진했으니까, 선물 잘하고, 기념일 잘 챙기고, 프러포즈 화려하게 했으니까 좋은 남편감이겠지. 이런 착각을 하는 여자가 결혼하면 불행해지는 이유입니다.

그래도 착해, 사람은 좋잖아
인간성을 내세우는 남자, 인간성을 기준으로 모든 걸 판단하는 남자, 인간성 말고는 내세울 게 없는 남자. 그리고 자꾸만 인간성에 기대고 싶은 남자, 가장 큰 장점이 착한 것인 남자, "그래도 착하다"라는 생각을 하게 만드는 남자, 이 경우 당신은 99% 가정에 책임을 지지 않을 나쁜 남편감을 만나고 있는 것입니다.

기능이 있는지 없는지 따지라고 했습니다. 기능이 변변치 않으니 디자인을 내세우는 가전제품이 그렇습니다. 기능이 우선이고 디자인은 나중인데 대부분 디자인에 속아 가전제품을 구매합니다. 물론 디자인도 중요합니다. 좋은 디자인의 상품이 질도 좋을 것이라는 믿음이 있듯이, 좋은 남편은 (겉보기에도) 착할 것이라는 믿음이 있습니다. 아내와 가정을 위해 인생을 희생한다는 것 자체가 착하다, 인간성 좋다는 뜻으로 해석됩니다. 하지만 우수한 디자인이 우수한 기능을 보장하지 못하듯, 남자의 선한 인간성이 남편으로서의 기능을 보장해 주진 않습니다.

가정을 책임지는 남자란 착한 남자를 의미하는 게 아닙니다. 의무를 다하는 남자를 의미하는 겁니다. 문제를 해결하고 상황을 개선하는 남자를 뜻합니다. 집에 먹을 게 없으면 먹을 걸 구해 오는 겁니다. 돈이 없으면 돈을 벌어 오는 겁니다. 필요한 게 있으면 구해 오는 겁니다. 지붕에 물이 새면 지붕을 고치는 겁니다. 하수구 변기가 막히면 뚫는 겁니다. 취객이 집 앞에서 오줌을 싸면 버럭버럭 욕을 해서라도 쫓아내는 겁니다. 불량 청소년이 창문 앞에서 담배를 피우면 좋게좋게 타일러 쫓아내는 겁니다. 이런 걸 못하기 때문에 "그래도 착해, 사람은 좋잖아" 염불을 외는 것입니다. 이런 걸 다 잘하는 남자를 두고 "그래도 착해"라는 말을 하지는 않습니다. 자랑스러운 남편이라고 하지 인간성이 좋다고 하지 않습니다. 왜냐하면 둘은 완전히 다른 문제이기 때문입니다. 인간성과 기능은 완전히 다른 특징입니다.

여자가 남편의 인간성을 따지고 있으면 결혼을 잘못한 겁니다. 남편의 인간성이 좋다면 그건 아마도 집 밖의 친구들에게 이로운 일일 것입니다. 직장 상사나 후배, 동료, 혹은 동네 노인들이나 취객, 불량배들에게 이로울 가능성이 더 높을 겁니다. 가정을 책임지기 위해 남자는 선한 인간성 대신 가족 이기주의를 택해야 합니다. 모두에게 착하고 다정하고 고분고분한 태도가 아닌, 가족을 지키기 위한, 더 잘 살아 보기 위한 악착같은 태도가 필요합니다. 이걸 못하니까, 그런 기능이 없으니까 자꾸 인간성에 집착하게 됩니다. 가족을 책임지는 데 하등 관련도, 쓸모도 없는 '인간적 면모'를 찾게 됩니다. 기능과 전혀 상관없는 디자인 타령을 하는 겁니다.

예측할 수 없는

사람이 예측할 수 없는 엉뚱한 행동을 하면 재미있습니다.

예상치 못한 말이나 색다른 행동을 하면 매력을 느끼게 됩니다. 데이트하며 농담을 주고받거나, 술 먹고 모임에서 흥겨울 때 그러면 웃기고 즐겁습니다. 하지만 같이 살면서 시도 때도 없이 예상치 못한 말과 행동을 계속하면 웃기지도 즐겁지도 않습니다. 생활이 유지되지 않기 때문입니다. 먹고사는 문제는 반복되는 루틴입니다. 매일같이 먹고, 자고, 싸고, 입어야 합니다. 삶은 지속적인 루틴에 의해 유지됩니다. 지속적인 노동과 일정한 수입에 의해 먹고사는 문제가 해결됩니다. 루틴이 끊기면 삶은 유지될 수 없습니다.

그래서 남자가 가정을 책임지고 유지하려면 루틴에 따라 움직여야 합니다. 아침 9시까지 출근해서 가족을 먹여 살려야 한다면, 천 번 만 번 변함없이 9시까지 출근해야 합니다. 그리고 6시에 퇴근하면 칼같이 집으로 돌아와 가정을 돌봐야 합니다. 어느 날 갑자기 예고 없이 술자리에 끼거나, 친구를 만나러 가 버리거나, 밤늦게까지 들어오지 않는 경우가 있습니다. 어느 날 갑자기 "나 이거 하기 싫다" 하고 하던 일을 때려치우거나 태업하는 경우도 있습니다. 사람이 그럴 수도 있지, 너무 힘들면 일탈할 수도 있지, 이렇게 생각하는 건 "그래도 착해"와 다를 게 없는 논리입니다. 그럴 것이면 결혼을 하지 않으면 됩니다. 결혼하지 말고 혼자 살면서 하고 싶은 일탈을 마음껏 하고 살면 됩니다. 혼자 충동적으로 인생을 살면서 혼자 행복하면 됩니다. 다시 말하지만, 삶은 루틴에 의해 유지됩니다. 루틴을 지키지 못하는 남자, 충동적인 남자, 일탈하는 남자는 가정을 유지할 수 없습니다.

잠시 쉬거나 한눈을 파는 문제가 아닙니다. 직장을 옮기거나 직업을 바꾸는 문제도 아닙니다. 하기 싫으니까 안 하는 겁니다. 힘드니까 도망가는 겁니다. 기분 나쁘다고, 화난다고, 자존심 상한다고 때려치우는 겁니다. 밖에서도 그런 식이니 안에서도 마찬가지입니다. 아내와 싸웠다고, 하는 말이 마음에 들지 않는다고, 가장 노릇 하는 게 힘들고 지겹다고, 다 때려치우는 겁니다. 이게 예측할 수 없는 남자, 충동적인 남자의 위험성입니다.

남자가 부지런하고 성실하니까 만사 OK. 좋은 남편감이 될 것이라는 착각을 많이 합니다. 데이트할 때 가방 열심히 들어 주고, 식당 꼬박꼬박 예약하고, 약속 시간 잘 지키니까 검증 끝났다고 생각합니다. 대한민국에서 정상적으로 자란 남자의 99%는 겉보기에 누구나 부지런하고 성실합니다. 남자라면 누구나 환심을 사고 싶은 여자 앞에서 목숨 바쳐 성실해집니다. 그러나 아무리 부지런하고 성실해도 꾸준하지 못하면 소용이 없습니다. 먹고사는 데, 삶을 유지하는 데 도움 되지 않으면 완전히 헛일입니다. 쓸데없거나 비생산적인데도 자기 오장육부 편한 대로만 이거 했다 저거 했다, 기분 내킬 때만 부지런하고 성실한 남자는 좋은 남편감이 될 수 없습니다.

어떤 문제가 있어도, 어떤 변수가 생겨도, 아무리 충동적인 감정이 치밀어 올라도 변함없이 해야 할 일을 수행하는 남자가 좋은 남편감입니다. 말을 어떻게 하든, 감정 상태가 어떠하든, 해야 할 일은 무조건 하고 마는 남자가 결혼해서 아내와 가정을 책임집니다. 약속을 지키는 것, 술자리 유혹을 뿌리치는 것 등은 기본입니다. 중요한 건 남자가 삐쳐도, 화나도, 실망하고 좌절해도, 그때도 여전히 변함없이 해야 할 일은 하는지 여부입니다. 남자가 여자에게 단순히 삐치고 화낸다고 나쁜 남편감이 되는 건 아닙니다. 사람이 삐치고 화내는 건 자연스러운 일이며 누구에게나 주어진 권리입니다. 중요한 건 그러한 상태에서도 자신이 해야 할 일을 하느냐 마느냐입니다.

행동에도 관성의 법칙이 적용된다고 생각합시다. 지금껏 항상 그래 왔으니까. 짜증 나도, 화가 나도, 실망해도, 낙담해도, 지금껏 하던 그대로 하는 것입니다. 묻거나 따지지 않고 그냥 하는 것입니다. 왜냐하면 하기로 했으니까. 해야 하는 일이니까. 기계적 의미의 일관성. 우리는 이를 신뢰성이라고 합니다. 믿을 수 있는 겁니다. 지금껏 계속 그래 왔으니까 앞으로도 그러하겠지. 앞으로 무슨 일이 생기더라도 한결같겠지. 한결같이 해야 할 일을 묵묵히 하겠지. 그렇게 믿을 수 있는 겁니다.

결과보다 약속, 행동보다 말

진심과 의도를 강조하는 남자, 약속을 남발하는 남자는 나쁜 남편감이 됩니다. "○○ 해 주겠다", "무조건 무조건이다", "나만 믿으라", "진심이다", "진심을 받아 달라" 같은 말을 남발하는 남자만 걸러도 나쁜 남편감의 반은 걸러집니다. 여자들은 언제나 말만 잘하는 남자에게 넘어갑니다. "말이라도 곱게 해야 하는 것 아닌가." 이런 논리로 말만 잘하는 남자를 좋은 남편감이라고 굳게 믿습니다. 본질을 무시하고 껍데기나 포장에 넘어가는 어리석음이 여자의 인생을 망칩니다. 여자가 남자와 결혼을 하는 이유는 남자가 여자와 가정을 책임지기 때문이지 '말이라도 곱게' 하기 때문이 아닙니다. 그런 남자를 만날 것이면 결혼은 하지 말고 연애만 하면 됩니다. 연애할 동안 달콤한 말만 듣고, 달달한 데이트 즐기다가 아름다운 추억만 남긴 채 헤어지면 됩니다.

남자 구분법은 언제나 시소 게임이라는 사실을 잊지 않습니다. 결혼 전에 너무 잘했던 남자가 결혼 후 냉담해지는 것처럼, 말만 잘하는 남자는 실제로 행동하지 않습니다. 결혼 전과 후가 다른 것보다, 말과 행동이 다른 것이 훨씬 더 극심한 온도 차를 보입니다. 앞서 말했듯, 인간은 양극단의 특징을 동시에 갖지 않습니다. 말이 적극적인 남자일수록 행동은 소극적이기 마련이며, 행동이 적극적인 남자일수록 말수는 적기 마련입니다.

달콤한 미사여구, 칭찬, 애정표현 등을 남발하는 남자를 보면 "이 남자는 결혼해서 아무것도 하지 않을 것"이라고 예상해야 합니다. 이 남자가 당신에게 지껄인 미사여구나 애정표현은 결혼 후 다른 여자에게도 지껄일 것이라는 예상을 해야 합니다. 이렇게 해 주겠다, 저렇게 해 주겠다 장밋빛 약속을 남발하면 이 남자는 대부분의 약속을 저버릴 것이며, 자신이 해야 할 일조차 하지 않을 가능성이 높다는 사실을 기억해야 합니다.

미사여구, 애정표현, 장밋빛 약속 같은 것을 남발하지 않는 남자를 찾아야 합니다. 그런 것에 관심도 없고 적극적이지도 않은 남자가 정상입니다. 그런 남자가 결혼해서 정상적으로 여자를 책임집니다. 말 더럽게 못하는 남자, 말재주 없는 남자, 과묵한 남자, '백치 아다다' 같은 남자를 고르라는 게 아닙니다. 남자가 달변이고 말고는 아무 상관이 없습니다. 말을 잘하든 못하든 중요한 건 지키지도 못할 약속을 하지 않는 겁니다. 여자의 환심을 사기 위한 거짓말을 하지 않는 겁니다. 지금 당장 여자의 마음에 들기 위해, 쉬운 섹스를 하기 위해 여자에게 무책임한 말을 늘어놓는 남자를 거르라는 겁니다.

자기가 한 말을 반드시 책임지는 남자가 지키지 못할 약속을 남발할지, 여자의 환심을 사기 위해 미사여구나 애정표현을 남발하는 데 정력을 쏟을지 생각해 봅니다. 남녀 관계에서

'환심을 사는 것' vs. '결과를 만드는 것' 이 둘보다 더 완벽한 시소 게임은 없습니다. 남자는 여자의 환심을 사는 데 능할수록 결과를 가져다주지 못하며, 반대로 결과를 책임지는 데 능할수록 여자의 환심을 사는 데 무관심하거나 소홀하다는 사실을 기억합니다.

내가 더 중요한 남자

"내가 더 중요한 남자"일수록 나쁜 남편감이 되고, 내가 덜 중요한 (가정이 더 중요한) 남자일수록 좋은 남편감이 됩니다. 당연한 말이지만 대부분의 여자들은 내가 더 중요한 남자와 결혼을 합니다. 내가 더 중요한 남자가 더 눈에 띄기 때문입니다. 더 매력적이기 때문입니다. 그리고 무엇보다 여자를 꼬드기는 데 더 뛰어난 능력을 발휘하기 때문입니다. 내가 중요하지 않은 남자일수록 눈에 띄지 않습니다. 여자에게 돋보이려 하지도 않고 자신을 어필하려 하지도 않습니다. 내가 중요하지 않은 남자는 여자와 관계를 맺는 데 적극적이지 않으며, 관계를 유지하는 데에도 큰 관심을 보이지 않습니다.

"내가 더 중요한 남자"는 이기주의, 이타주의의 문제가 아닙니다. 결혼해서 나를 위해 사느냐 vs. 가정을 위해 사느냐 기준입니다. 설명한 대로, 이기적인 남자가 결혼해서 가정에 더 효율적으로 충실할 수 있으며, 이타적인 남자가 결혼해서

(남에게 다 퍼 주느라) 가정을 망하게 할 수 있습니다. 이기주의, 이타주의는 좋은 남편감을 구분하는 데 아무 쓸모 없는 기준입니다. 그래서 계속 강조합니다. 남자의 인간성을 보면 안 된다고. 남자의 기능을 봐야 한다고. 가족을 부양하고 가정을 책임지는 남자의 '기능'이 모든 것의 핵심이라고.

남자의 인간성, 성향, 사상과 상관없이 결혼해서 가정을 책임지는 남자와 그러지 못하는 남자를 구분하는 법. 그게 지금까지의 이야기였습니다. 그래서, 이제 가장 기본적이고 가장 단순한 이야기로 돌아옵니다. 결혼해서 "내가 더 중요한 남자"와 "가정이 더 중요한 남자"를 구분하는 법입니다.

가장 쉬운 방법은 앞서 언급했습니다. 내가 돋보이는 걸 좋아하는 남자일수록 결혼해서 내가 더 중요한 남자가 될 가능성이 높습니다. 눈에 띄는 걸 좋아하는 남자, 타인의 평가와 사회적 평판을 지나치게 중시하는 남자, SNS에 과몰입하는 남자, 외모에 과도하게 신경 쓰는 남자, 패션, 액세서리, 자동차에 몰입하는 남자, 이런 남자일수록 결혼해서 내가 더 중요한 남자가 됩니다. 지금까지 예로 들었던 나쁜 남편감 사례에 연예인이 많았던 이유입니다. 연예인이라는 직업 자체가 돋보이기 위한, 눈에 띄기 위한 일입니다. 결혼 뒤 내가 더 중요한 사람이 될 가능성이 높을 수밖에 없습니다. 연예인과 결혼해서 행복해진 여자가 손에 꼽을 정도로 적은 이유입니다. 사례로 들진 않았지만 정치인은 연예인보다 나쁜 남편이 될 가능성이 훨씬 더 높습니다. 연예인은 연기면 연기, 노래면 노래, 한 가지 업에 집중하면 좋은 남편이 될 수도 있지만 정치인은 그럴 가능성이 사실상 전무합니다. 눈에 띄지 않으면 죽는 직업, 반드시 내가 남보다 돋보여야 하는 직업, 그렇지 않으면 존재 의미가 없는 직업. 정치인은 "내가 더 중요한 남자" 중 최악의 사례입니다. 아무리 좋은 남편이 되고 싶어도 그럴 수 없는, 가정을 망치고 아내를 희생시킬 수밖에 없는, 물리적으로 최악의 남편감입니다.

그럼 내가 돋보이는 것에 집착하면 전부 나쁜 남편감이고, 내가 돋보이는 것에 거부감을 느끼면 전부 좋은 남편감일까? 그런 건 아닙니다. 눈에 띄는 걸 싫어하는, 늘 거지꼴을 하고 다니는, SNS 따위 절대 안 하는 남자가 결혼하자마자 바람이 나서 가정을 버리는 경우도 있습니다. 돋보이기를 선호하는 건 내가 더 중요한 남자들의 여러 신호들 중 하나일 뿐입니다. 이보다 더 확실한 신호는 다른 데 있습니다.

하나는 여자에게 접근하는 방식입니다. 여자에게 접근할 때 상대방의 의사를 얼마나 존중하는지 보는 겁니다. 여자가 싫다고 하면 깨끗하게 물러나는 겁니다. 그리고 절대 다시 접근하지 않는 겁니다. 그러면 정상입니다. 내가 더 중요하지 않은 남자입니다. 특히, 여자가 굳이 말로 거절하지 않더라도, 조금만 싫은 기색을 보여도 절대 다시 돌아보지 않는 겁니다. 이게 "내가 더 중요하지 않은 남자"의 전형적인 모습입니다. "내가 더 중요한 남자"의 모습은 정확히 반대로 드러납니다. 여자의 거절을 받아들이지 못하는 겁니다. 여자가 거절을 하든 말든, 싫은 기색을 보이든 말든, 그냥 자기 하고 싶은 대로 하는 겁니다. 계속 자기 하고 싶은 대로 접근하고, 말 걸고, 만나자고 조르는 겁니다. 이 남자는 결혼 뒤 자신을 위해 아내와 가정을 희생시키게 됩니다.

다른 하나는 사생활을 중시하는지 여부입니다. 여자의 사생활을 존중하는 남자일수록 가정에 충실할 가능성이 높은 남자입니다. 여자에게 사적인 질문이나 평가, 코멘트를 하지 않는 겁니다. 여자가 어떤 집에 사는지, 재산이 얼마인지, 가족 관계가 어떤지, 직업은 어떻고, 연봉은 얼마나 받는지에 관심 갖지 않는 겁니다. 그리고 무엇보다, 과거에 누굴 만났고, 지금 누굴 만나고, 앞으로 누굴 만날지 알려 하지 않는 겁니다. 당연한 예의인데 이걸 '권리'로 아는 남자들이 있습니다. 내가 더 중요한 겁니다. 내가 더 중요하니까 상대방의 사적 부분까지 막무가내로 알고 싶은 겁니다. 내가 더 중요하기에 상대방의 프라이버시 따위는 안중에도 없는 겁니다. 상대방의 사생활을 마음대로 침범해도 된다고 생각하는 겁니다. 사귀기 시작하면 더 심각해집니다. 여자 인생에 간섭하게 됩니다. 어디서 누굴 만났는지, 자기 없을 때 무얼 했는지, 스토커처럼 알아내려 합니다. 여자가 다른 사람들과 약속을 잡으면 의심하고, 다른 남자들과 만나면 (그게 직장 동료라 해도) 피해망상에 머리가 돌아 버리게 됩니다. 여자가 누굴 만나는지, 어떤 약속을 잡는지 일일이 간섭하고 통제하게 됩니다.

정상적인 남자, 내가 더 중요하지 않은 남자는 여자가 누굴 만나든 그건 여자의 권리라는 사실을 받아들입니다. 여자가 다른 남자와 약속을 잡아도 그것 역시 당연한 여자의 권리로 압니다. 여자의 권리를 존중하기에, 여자의 사생활을 인정하기에, 좀처럼 피해의식을 느끼지 않습니다. 애정이 없는 것도 아니고 여자를 중하게 생각하지 않는 것도 아닙니다. 단지 나보다 여자의 권리가 더 중요하다고 생각하는 겁니다. 이런 남자가 결혼해서 남보다 가정을 더 중시하게 됩니다. 나를 위해 가정을 희생하는 것이 아닌, 가정을 위해 나를 희생하게 됩니다.

또 다른 하나는 인생 자의식입니다. "어떻게 살아야 한다"는 강박증이 있는 남자들이 있습니다. "어떤 목적을 이루겠다"는 게 아니라, "어떤 방식으로, 어떤 모양으로 살고 싶다"는 막연한 뜬구름 속 희망을 품은 남자들입니다. 쉽게 말해 "폼 나게 살고 싶다"는 겁니다. "폼 나지 않는 인생은 살고 싶지 않겠다"는 겁니다. 폼 나는 인생을 위해 결혼도 해야 하고 아이도 있어야 하지만, 이는 모두 폼 나는 인생을 위한 액세서리일 뿐입니다. 이 남자는 가정을 위해 자신을 희생하거나 인생을 바칠 생각이 없습니다. "이렇게 살아야 하는데", "저렇게 살고 싶은데", 이런 말을 하는 남자는 "가정보다 내가 더 중요하다"라고 이실직고한 셈입니다. 이 남자는 결혼해서 가정을 책임지기 어려울 것입니다. 가정을 자기 인생의 액세서리로 삼을 가능성이 높습니다. 안타깝게도, 남자는 폼 나게 살기 위해 태어나지 않았습니다. 남자는 번식하고 부양하기 위해 태어났습니다. 그러기 위해 문제를 해결하고, 목적을 달성하고, 임무를 완수하도록 프로그래밍됐습니다. 남자는 어떻게 살아야 한다는 자의식이 존재하면 안 되는 생명체입니다. 그런 게 있으면 결혼하면 안 됩니다. 폼 나게 살고 싶은 남자는 결혼을 하면 안 됩니다. 죄 없는 처자식 희생시키지 말고 혼자 폼 나는 인생을 살아야 합니다. 인생에 대한 자의식은 아주 흔히 자기 연민으로 발전합니다. "내가 왜 이렇게 살아야 하나." 이런 생각을 하는 순간 남자는 아주 쉽게 가정에 대한 책임을 저버리게 됩니다. "아무도 날 이해해 주지 않아", "아무도 내게 감사해하지 않아." 이런 자기 연민에 빠지는 남자는 아주 쉽게 본분을 내팽개치고 처자식을 배신하게 됩니다.

나는 이렇게 살아야 한다, 어떻게 살 자격이 있다, 이런 중2병 자격지심에 빠진 남자를 가려내야 합니다. 도널드 트럼프, 일론 머스크 같은 화려한 삶을 사는 남자들을 동경하고 자신의 삶과 비교하는 남자를 걸러 내야 합니다. 내가 너무 중요해서 그러는 겁니다. 내가 너무 소중하기에, 폼 나는 인생에 대한 열망이 너무 강렬하기에 애당초 처자식을 부양할 마음은 끼어들 자리가 없는 겁니다. 이런 남자들의 운명은 대체로 대동소이합니다. 폼 나는 인생을 살기 위해 발버둥 치다 지옥행 편도 열차를 타는 겁니다. 이 편도 열차에 합승하지 말아야 합니다. 지금껏 열거한 나쁜 남편감의 특징을 절대 가볍게 여기지 않아야 합니다.

참고로, 남자의 '성능(능력)' 문제는 여기서 언급하지 않습니다. 능력치에 대한 평가는 주관적입니다. 남자는 아무리 무능해도 가정에 대한 최소한의 책임감만 있으면 무슨 일을 하더라도 가족을 먹여 살립니다. 얼마나 잘 먹여 살리느냐의 문제는 각자의 판단에 달린 문제입니다. 중요한 건, 하느냐 마느냐의 문제입니다. 지금까지 이야기한 남편감 유형은 이걸 하지 않는 남자들이었습니다. 이런 남자들을 걸러 내는 방법에 대한 이야기였습니다. 남자의 건강이나 신체 조건 문제도 언급하지 않습니다. 이 역시 각자의 상식과 주관에 따라 판단할 문제입니다. 물리적 문제라고 했습니다. 건강이 좋지 않은 남자는 당연히 가정을 부양하기 어렵습니다. 남자가 가정을 30년 이상 책임질 수 있는 최소한의 (물리적) 기능을 갖고 있는지 확인하는 건 여자의 당연한 상식입니다. 하지만 건강이 다소 좋지 않더라도, 가정을 책임질 기능이 충분하다면 좋은 남편이 될 수 있습니다. 반대로 아무리 건강하더라도, 가정을 책임질 기능이 없다면 차라리 없는 편이 나은 남편이 됩니다.

2장

좋은 남편감 유형

좋은 남편감들의 사례를 살펴봅니다. 이들은 여자의 인생을 행복하게 만들어 준, 타의 모범이 될 사례임에도 세상에 거의 알려지지 않았습니다. 원래 행복은 과시하지 않는 법이기에, 대부분의 사례들이 그들만의 좋은 기억으로 남습니다. 우리는 이들의 사례를 통해 좋은 남편감이란 무엇인지, 어떤 특징을 가졌고 어떻게 구분할 수 있는지 분석합니다.

1. 머슴형

볼프강 아마데우스 모차르트(Wolfgang Amadeus Mozart, 1756-1791). 음악을 하는 중산층 집안에서 태어나 여유로운 유년 시절을 보냄. 아들을 음악가로 키우려는 아버지의 헌신적인 노력과 타고난 근면 성실함으로 불후의 명곡을 연이어 발표. 하지만 서툰 자기 관리로 인해 빈곤에서 벗어나지 못했고, 평생 아내 콘스탄체(Constanze Mozart, 1762-1842)에게 미안하고 안타까운 마음으로 살다 죽었음. 불성실한 성격으로 작곡 계약을 자주 어긴 것으로 알려져 있는데, 사실은 그 반대. 아이를 여섯 명이나 출산하고 몸이 쇠약해진 아내의 병원비를 대기 위해 한꺼번에 너무 많은 일을 맡아 계약 파기가 잦았던 것. 아내에게 더 맛있는 음식, 더 예쁜 옷, 더 좋은 집을 사 주기 위해 노심초사. 잠도 못 자고 쉬는 날도 없이 매일 강박적으로 일에 매달림. 아내는 병중에도 일에 미친 듯 매달린 남편에게서 종이와 펜을 뺏어야 했을 정도. 실제 성격도 괴팍한 것과 거리가 멀어서 콘스탄체와 사귀는 중에 적극적으로 대시하지도 못하고 콘스탄체가 다른 남자에 관심을 보이자 실망감에 헤어지기도 했던 소심남. 그의 인생을 나락으로 빠뜨린 건 병적인 성실함이었음. 급한 일을 너무 많이 맡아 스케줄 관리도, 금전 관리도 못 하는 바람에 막심한 경제적 손실을 입었고, 지독한 과로로 건강을 심각하게 해쳤던 것. 죽어 가는 순간에도 자기가 죽은 뒤 누가 아내를 부양할지 걱정. '이거라도 남겨야 아내가 먹고살지' 생각에 교향곡 39, 40, 41번을 연이어 완성. 최후의 순간까지 아내를 위한 불꽃같은 일편단심 해바라기의 삶을 살았음.

매스 미디어에 의해 왜곡된 유명인들이 많습니다. 업적이 왜곡되기도 하지만, 그들의 사생활—특히 가정생활이 왜곡되는 경우가 더 많습니다. 모차르트는 이처럼 왜곡된 위인 중 가장 유명한 사람입니다. 「아마데우스」라는 엉터리 할리우드 영화 때문에 '게으르고 불성실한 미치광이 천재'라는 고정 관념이 생겼습니다. 실제 모차르트는 영화 속에서 묘사된 것과 정반대였습니다. 세상 누구보다 부지런하고 성실했던, 오직 아내를 위해 모든 걸 다 바치고 떠났던, 좋은 남편의 화신 같은 남자였습니다.

여느 창작자들과 마찬가지로 모차르트 역시 충동적이고 감성적인 사랑꾼이었습니다. 원래는 콘스탄체의 언니였던 알로이지아에게 반해 청혼했으나 거절당하자 "꿩 대신 닭"이라고 동생과 결혼했습니다. 과정이야 어찌 되었든 모차르트는 자기가 헌신하기로 한 여자에게 목숨을 바쳤습니다. 결혼 전 누구를 사랑했든, 결혼 후 마음이 어떻든, 결혼했으니 끝까지 책임지는 겁니다. 결혼한 여자를 위해 자신의 모든 인생을 갈아 넣은 것입니다. 이게 좋은 남편감의 전형입니다. 아내에 대한 신의. 아내와 가정에 헌신. 맹목적 희생. 내가 죽어도 처자식은 살아남아야 한다는 신념.

재미있는 사실은 콘스탄체가 재혼한 남자도 모차르트 못지않게 좋은 남편이었다는 사실입니다. 오스트리아 빈 주재 덴마크 영사였던 게오르크 니센(Georg Nikolaus von Nissen, 1761-1826)은 콘스탄체와 결혼 후 그녀가 모차르트와의 사이에서 낳은 (마지막까지 살아남은) 두 아들을 거두어 극진히 부양했고, 모차르트가 남긴 곡들을 모두 정리·재발표해 세상의 빛을 보게 했습니다. 오늘날 모차르트의 명성은 콘스탄체의 두 번째 남편이 노력한 덕에 얻게 된 것입니다. 그는 평생 콘스탄체와 함께 모차르트의 업적을 재건하는 데 힘썼고, 모차르트의 전기도 썼습니다. 그리고 죽을 때 자기 묘비명에 "모차르트 미망인의 남편이었던 사람"이라고 적어 넣게 했죠. 콘스탄체가 이 남자와 결혼하지 않았다면 오늘날 우리는 모차르트를 몰랐을 것이고 모차르트의 음악 역시 존재하지 않았을 것입니다. 우리는 오늘날의 '모차르트 산업'이 아내와 가정에 책임을 다한 두 명의 남편에 의한 결과물이라는 사실을 인지합니다. 아내를 위한 이들의 책임감이 아니었다면 오늘날 오스트리아의 모차르트 관광 산업은 존재하지 않았을 것이며, 모차르트

플루트 협주곡이 한국의 라디오 시그널 음악으로 쓰이는 일도 없었을 것입니다.

모차르트와 비슷한 남편이 있었습니다. 그 후로 50년 뒤 프랑스 파리에 살았던 화가 클로드 모네였습니다.

> 클로드 모네(Oscar-Claude Monet, 1840-1926). 미술계 역사를 통틀어 좋은 남편감은 손에 꼽을 정도로 적은데, 모네가 그중 한 명이었음. 화실 모델이었던 7살 연하 카미유(Camille-Léonie Doncieux, 1847-1879)와 결혼. 이때부터 창작열 폭발. 최고 역작인 「생 라자르 역」 또 다른 대표작 「파라솔을 든 여인」 모두 이 시기에 탄생. 모네의 그림은 상업적 성공을 거두었고, 파리의 잘나가는 미술상에게 다수의 작품이 판매됨. 하루아침에 큰돈을 만지게 됐는데 이 돈을 전부 아내에게 썼음. 아내를 위해 가정부를 고용했고, 옷과 보석을 사 주었으며, 매일 진수성찬을 먹게 했음. 카미유는 모네의 뮤즈이자 인생의 목적이었음. 모네는 가난했던 시절 아내를 고생시킨 것이 한스러웠음. 상업적 성공이 기쁜 까닭은 아내를 행복하게 해 줄 수 있기 때문이었음. 하지만 모네는 무능했음. (모차르트와 마찬가지로) 돈 관리를 전혀 하지 못했고, 어디서 뭘 하든 적자를 보며 방탕한 생활을 지속하다가 주 고객이었던 미술상이 파산한 뒤 또다시 빈궁해짐. 먹을 걸 사기 위해 아내의 옷과 보

석을 팔아야 했고, 설상가상으로 아내는 병으로 몸져누움. (모차르트의 아내처럼 모네의 아내 역시 임신 후유증으로 오래도록 병을 앓았음.) 1879년 아내가 죽을 때 모네는 하루 종일 아내 곁에 붙어 그녀의 마지막 모습을 그림으로 남겼고, 이 작품은 모네의 최고 명작 중 하나로 남음. 아내의 죽음 앞에서도 아내를 위해 그림을 그렸던 남자. 소처럼 우직한 남자. 바위처럼 한결같은 남자. 모네의 행동 패턴은 아내가 살아 있을 때도, 죽을 때도, 죽고 나서도 변치 않았음. 모네의 명작들은 그의 한결같은 행동 패턴의 결과였고, 그가 남긴 작품들은 인상주의 미술 산업의 전성기를 가져옴.

좋은 남편감에는 유형도 없고 차이점도 없습니다. 좋은 남편감 자체가 하나의 유형입니다. 좋은 남편감은 전 세계 어디서나 다 대동소이 비슷하며 백 년 전에도, 천 년 전에도, 만 년 전에도 항상 같은 성질을 공유해 왔습니다. 나쁜 남편감과 달리, 좋은 남편감의 정의는 하나뿐이기 때문입니다. "아내와 가정에 책임을 다하는 남자." 우리는 좋은 남편감의 유형을 분석하지 않습니다. 우리는 좋은 남편감이 모두 동일한 형질을 공유한다는 사실을 이해합니다. 이들의 공통점을 정리하고, 이들을 구분하고 이해하는 법을 배우기로 합니다.

모차르트와 모네에게서 우리는 좋은 남편감의 영원불변

공통점을 발견합니다. "기계 같은 성실함." 좋은 남편에 대한 정의는 하나뿐이라고 했습니다. 아내와 가정을 위해 사는 남자. 가족의 생존과 복지, 번영을 위해 인생을 희생하는 남자. 이 정의를 실천하기 위해 남자는 첫째도 둘째도 셋째도 성실해야 합니다. 그냥 성실한 게 아니라 초인적으로, 기계적으로 성실해야 합니다.

'성실하지는 않지만 좋은' 남편감은 없습니다. 돈이 많아서 유유자적 놀고먹으며 모든 걸 돈으로 해결하는 남편을 생각할 수 있습니다. 하지만 그런 건 좋은 남편감이 아닙니다. 아무리 돈이 많아도 먹고사는 걸 대신해 줄 순 없기 때문입니다. 살기 위해선 음식을 먹어야 하고, 먹은 걸 치워야 하고, 쓰레기를 치워야 합니다. 옷을 사서 입어야 하고, 물건이 고장 나면 고쳐야 합니다. 사람 사이에 갈등이 생기면 풀어야 하고, 비즈니스에 문제가 생기면 해결해야 합니다. 삶은 끊임없는 문제 해결의 연속이며, 이걸 돈으로 다 해결할 수 있다고 생각하는 사람, 혹은 누군가가 대신해 줄 수 있다고 생각하는 사람은 결혼하면 안 되는 사람입니다. 어떤 문제든, 자기 문제는 결국 스스로 해결해야 합니다. 그래야 정상적인 삶을 살 수 있습니다.

성실함은 모든 것의 기본이며, 좋은 남편감의 핵심입니다. 사람의 성실함을 판단하지 못하는 사람은 없습니다. 성실하지 못한 남자는 결혼하면 안 되는 남자인 걸 모르는 사람도 없습니다. 문제는 남자의 성실함이 1) 얼마나 일관되게 지속되는지, 2) 얼마나 아내와 가정을 위해 집중되는지 여부입니다. 이걸 구분하는 방법을 이전 챕터에서 이야기했습니다. 세상 모든 일에 다 성실해도 가정에만 불성실할 남자, 아무리 성실해도 가정이 아닌 다른 데 에너지를 쏟을 남자. 정리하면 다음과 같습니다.

1. 밖에서 잘하는 남자, 사회관계가 돈독한 남자, 특히 친구 많고 술 잘 먹는 남자
2. 결혼 전 여자에게 너무 잘해 주는 남자
3. 착하기만 한 남자, 인간성 말고 내세울 게 없는 남자
4. 여자의 환심을 사기 위한 칭찬, 애정표현, 약속을 남발하는 남자
5. 기분과 감정 상태에 따라 해야 할 일을 미루거나 안 하는 남자
6. 자기가 돋보이는 걸 즐기는 남자
7. 여자의 의사를 무시하고 접근하는 남자
8. 여자의 사생활을 존중하지 않는 남자, 여자의 사생활에 관심 갖고 간섭하는 남자
9. 가족보다 자기 자존심이 더 중요한 남자
10. 사상, 이념, 국가와 민족, 대의명분에 미친 남자
11. 여행, 낚시, 사진, 드라이브 등 도피성 취미에 빠진 남자

우리는 모차르트와 모네의 사례를 보며 좋은 남편감이 이들과 어떻게 다른지 깨닫습니다. 이들이 가진 모든 재능과 근면 성실함이 가정에 집중돼 있었다는 사실을 깨닫습니다. 부모, 친구, 회사, 동료, 국가, 이념, 여자, 자존심, 취미… 이런 데 분산된 게 아니라 오로지 아내와 가정에 집중됐다는 사실에 주목합니다. 매스 미디어는 이를 '사랑의 힘'이라고 합니다. 이는 미화가 아닌 비하입니다. 현실의 이야기를 동화 속 허구의 이야기로 왜곡하는 것입니다.

모차르트의 이야기를 다시 반복합니다. 모차르트가 사랑했던 사람은 콘스탄체의 언니였지 콘스탄체가 아니었습니다. 모차르트는 굳이 콘스탄체가 아닌 그 어떠한 여자였더라도, 자신과 결혼한 아내를 위해 똑같이 행동했을 것입니다. 모네도 그렇고, 다른 좋은 남편감들 역시 그렇습니다. 좋은 남편감은 사랑하기 때문에 그런 행동을 하는 것이 아니라, 그러기로 했으니까, 그래야 할 것 같으니까, 맹목적으로, 아무 생각 없이, 아무 계산 없이 그런 행동을 합니다. 그게 좋은 남편감입니다.

다시 말합니다. 좋은 남편감 판별 기준에 사랑은 없습니다. 가정을 부양하는 데 사랑은 필요치 않습니다. 사랑은 무의미한 말입니다. 당연히 해야 하는 일이니까 하는 것뿐입니다. 사랑하니까 책임을 다하는 게 당연하다면, 사랑이 식으면 책임을 지지 않는 것도 당연하다는 논리가 성립됩니다. 여자와 가정에 사랑은 독입니다. 부양의 책임을 저버리는 나쁜 남편을 정당화하는 악독한 변명입니다. 사랑이 식었으니 부양을 그만두고 다른 사랑을 찾는다면 이 남자는 남편이 아니라 가정 파괴범입니다.

우리는 모차르트와 모네의 일생에서 영화 「터미네이터 2」의 T-800을 떠올립니다. T-800이 존 코너를 목숨 걸고 지킨 건 존 코너를 사랑했기 때문이 아닙니다. 원래 그렇게 프로그래밍되었기 때문입니다. 원래 생산될 때부터 그렇게 살다 죽도록—폐기되도록terminated—만들어졌기 때문에 그런 겁니다. 좋은 남편감은 「터미네이터 2」의 T-800과 같습니다. 아내와 가정을 책임지는 데 그 어떤 조건도, 감정도, 대가도 바라지 않습니다. 이들은 가정을 부양하는 데 후회도, 자괴감도, 자기 연민도, 현실 자각도 느끼지 않습니다. 묵묵히 책임을 다하고 생을 다할 뿐입니다. 왜냐하면 그렇게 살도록 만들어졌으니까.

우리는 모차르트와 모네가 다른 여자와 결혼했어도 여전히 목숨을 걸고 아내와 가정을 책임졌을 것이며, 그래도 여전히 인류 역사에 길이 남을 명작들을 생산했을 것이란 사실을 이해합니다. 이들은 사람에게 충성한 것이 아니라 대자연의 책임에 충실했던 것이란 사실을 이해합니다. 이들을 좋은 남편으로 만들어 준 것은, 사랑이 아니라, 아내와 가정을 위한 기계적 성실함이었다는 사실을 이해합니다.

아내와 다투고 싸워도, 아내에게 실망하고 토라져도, 아내가 밉고 결혼 생활이 원통해도, 그래도 변함없이 아내와 가정을 부양하는 것이 남자의 기계적 성실함입니다. 세상이 자신을 적대해도, 하는 일이 안 풀려도, 직장에서 해고를 당해도, 사업이 망해도, 불운과 천재지변으로 모든 걸 다 잃어도, 그래도 여전히 변함없이 아내와 가정을 책임지는 것 역시 남자의 기계적 성실함입니다.

좋은 남편감은 예외 없이 기계적으로 성실합니다. 기계적 성실함이 없는 남자는 좋은 남편감이 아니라고 해도 될 정도로, 기계적 성실함은 좋은 남편감의 가장 중요하면서도 기본적인 특징이며, 여자의 생존과 가정의 복지를 보장하는 최후의 방파제입니다. 좋은 남편감의 기계적 성실함은 다음 특징들을 공유합니다.

말보다 행동. 불성실한 남자, 나쁜 남편감은 해 보기 전에 안 된다고 합니다. 이런저런 핑계도 많고 부연 설명도 많습니다. 기계적으로 성실한 남자는 그런 거 없습니다. 일단 해 봅니다. 해 보고 나서 결과를 갖고 이야기합니다. 그래서 나쁜 남편감은 말이 많고, 좋은 남편감은 행동이 많습니다. 앞서 나쁜 남편감 유형에서 설명한 내용입니다. "결과보다 약속, 행동보다 말"인 남자, 진심과 의도를 강조하는 남자, 약속을 남발하는 남자, 이런 남자만 걸러도 나쁜 남편감 반은 걸러진다고 했습니다. 이렇게 생각하면 쉽습니다. 기계가 말하는 거 봤습니까? 기계가 진심 타령하고 변명하는 거 봤습니까? 그건 잘못 만들어진 기계입니다. 고장 난 겁니다. 제 기능을 할 수 없는 겁니다.

운에 기대지 않음. 결과보다 약속, 행동보다 말이 우선인 남자, 호강시켜 주겠다 공수표를 남발하는 남자들은 꾸준한 노력으로 뭘 해 볼 생각이 아닙니다. 비루한 운에 기대 벼락횡재를 노리는 경우입니다. "내 노력이 아닌 것을 탐하지 않는다"는 건 기계적으로 성실한 남자의 가장 중요한 특징이자 최고 장점입니다. 정말로 성실한 남자, 결혼해서 아내를 잘되게 해 줄 남자를 고르고 싶으면 이 부분이 가장 중요합니다. 어떤 식이든 운에 기대려 하지 않는 남자, 절대로 요행을 바라지 않는 남자, "누군가 도와주겠지" 하며 안일하게 기대하지 않는 남자, 뭐든 자기 힘으로 해결해야 한다는 생각이 투철한 남자, 이런 남자가 기계적으로 성실한 남자입니다. 세상의 어떤 실패와 좌절과 변수에도 굴하지 않고 끝끝내 아내와 가정에 번영을 가져올 남자입니다.

자발성. 기계적 성실함의 또 다른 중요한 특징은 자발성입니다. 시켜야 움직이는 게 아니라 자기 마음이 동해서 스스로 미리미리 적극적으로 움직이는 겁니다. 집에 쌀이 떨어지면 밖에 나가 쌀을 구해 오고, 지붕에 물이 새면 물 새는 곳을 틀어막는 겁니다. 내 가족이 굶을 때까지, 어쩔 수 없이 움직여야 할 때까지 기다리는 게 아니라 그 전에 움직이는 겁니다. 쌀통에 쌀 떨어지는 일이 없는 겁니다. 그냥 가만둬도 알아서 하는 겁니다. 걱정할 필요가 없는 겁니다. 믿을 수 있는 겁니다.

중요한 건 문제를 해결하는 능력이 있느냐는 겁니다. 하루 종일 몸을 가만두지 못하고 부지런히 움직인다고 모두 다 좋은 남편이 되는 건 아닙니다. 그냥 부지런한 사람 말고, 문제를 인지하고 꼭 필요할 때 스스로 몸을 움직이는 남자를 골라야 합니다. 무엇이 문제인지 파악하는 것도 중요하지만, 사실은 문제에 어떻게 대처하는지가 더 중요합니다. 문제 파악에 남녀 간 견해 차이가 있을 수 있습니다. 여자가 보기에는 문제인데, 남자가 보기에는 그렇지 않을 수 있습니다. 견해차는 접어 두고, 문제를 해결해야 할 때 어떻게 하는지 봐야 합니다. 다시 말하지만, 중요한 건 문제를 해결하는 것이지 태도나 의지, 습성이 아닙니다. 결과를 봐야 합니다. 남자의 행동이 어떤 결과를 가져오는지 봐야 합니다. 남자가 움직여서 문제가 해결되는지, 만족스러운 결과로 이어지는지 확인해야 합니다. 이게 기계적 성실함의 모든 것입니다.

끈기. 문제 해결에 끈기보다 더 중요한 건 없습니다. 될 때까지 하는 겁니다. 대충 그냥 한두 번 해 보고 "안 되면 할 수 없지" 하고 포기해 버리는 남자는 좋은 남편감이 아닙니다. 문제가 해결되지 않으면 어떤 식이든 문제를 완화하거나 우회하는 방법을 생각하는 것이 좋은 남편감의 특징입니다. 그래야 집 안의 문제만 해결하는 게 아니라 집 밖의 일도 성공시킵니다. 모차르트와 모네가 성공한 이유를 타고난 천재성 때문이라고 생각하는 사람들은 심각한 착각을 하는 것입니다. 모차르트는 살아생전 한 번도 재능을 인정받지 못했지만, 이에 굴하지 않고 계속 더 우수한 작품을 작곡했습니다. 모네 역시 세상의 천대를 받을수록 더 비범한 걸작을 양산했으며, 크게 성공한 뒤에도 여전히 전과 다름없는 걸작들을 양산했습니다. 안 되면 되게 하고, 되면 더 잘되게 합니다. 포기는 없는 겁니다. 죽더라도 하다 죽지 절대 포기한 채로 죽지는 않습니다. 모든 게 해결되고 더 이상 해결할 문제가 없어도, 그래도 여전히 전과 다름없이 기계적 성실함을 유지합니다. 다시 말하지만 기계적 성실함은 감정이나 의지의 문제가 아니라 본능의 문제입니다. 자연이 설계한 생체 프로그래밍의 문제입니다.

여기서 중요한 사실은, 좋은 남편감의 또 다른 특징 중 하나가 바로 일·업무·생활의 문제에서는 기계처럼 끈기 있는데 인간관계에서는 그렇지 않은 경우가 많다는 점입니다. 세상 모든 일에 성실하고 끈기 있어도 남녀 관계에서는 그렇지 못합니다. 남녀 관계에서는 조금만 문제가 생겨도, 이를 해결하는 대신에 그냥 포기해 버리려 합니다. 좋은 남편감의 아이러니입니다. 이들은 문제를 해결하고 완벽을 추구하는 데 희열을 느끼지만, 인간관계에서는 그 반대입니다. 이들의 기계적 성실함, 초인적 끈기는 여자관계에서는 흔적도 없이 사라진다는 사실을 기억해야 합니다.

꼼꼼함. 문제 해결 능력이 있다는 말은 꼼꼼하다는 말과 일맥상통합니다. 주의력이 산만하고 일하는 자세가 엉성하면 어떤 문제도 해결할 수가 없습니다. 어떤 일이든 잘할 수가 없습니다. 직장에서 제일 마지막까지 안 잘리는, 가장 각광받는 핵심 인재가 꼼꼼한 직원인 것처럼, 집에서도 꼼꼼한 남자가 좋은 남편이 됩니다. 반대로, 직장에서 제일 빨리 잘리는, 가장 욕 많이 먹는 사람이 꼼꼼하지 못한 직원인 것처럼, 집에서도 꼼꼼하지 못한, 엉성하고 잘 까먹는 남자가 나쁜 남편이 됩니다.

문제는 언제 어디서나 항상 꼼꼼한 경우는 많지 않다는 점입니다. 모차르트와 모네는 자신의 작품을 대할 때는 초인적으로 꼼꼼했지만, 집에서는 전혀 그렇지 못했습니다. 돈이 어디에서 들어와 어디로 나가는지 알지 못했으며, 자기가 언제 무슨 작품을 만들었고 그게 어디 처박혀 있는지도 자주 잊었습니다. 그 결과가 만성적 가난이었습니다. 아내를 위해 인류 최고의 문화유산을 만들어 놓고 가정 경제는 무너진 결과를 빚고 말았죠. 모차르트와 모네는 완벽한 남편감은 아니었던 셈입니다. 남자 구분법의 시소 게임은 여기서도 적용됩니다. 예술 창작 쪽으로 시소가 너무 기울어져 있던 겁니다. 시소가 조금이라도 가정 살림이나 경제 쪽으로 기울었다면, 예술 창작의 반의 반만큼이라도 꼼꼼했다면 모두가 행복했을 텐데, 그게 말이나 생각처럼 쉽지 않았던 겁니다.

기계적 성실함의 문제점입니다. 기계적으로 성실할수록 눈치를 잘 못 봅니다. 극단적인 경우, 쌀통에 쌀이 떨어졌는지조차 눈치채지 못하는 경우가 있습니다. 바로 옆에서 여자가 무엇 때문에 마음이 상했는지도 모르고, 뭐가 불만인지, 무엇이 문제인지 눈치채지 못하는 경우도 많습니다. 관심이 없는 게 아니라 집중력을 분배하지 못하는 것입니다. 마차 끄는 말과 비슷합니다. 앞만 보고 달리는 겁니다. 옆에서 아무리 뭐라고 해도 돌아보지도 않게 됩니다. 자기 세계에 갇혀 살게 됩니다. 그래서 모차르트와 모네 같은 대가가 탄생하기도 하지만, 결혼 생활에는 적지 않은 어려움을 겪을 수 있습니다. 의사소통이 잘되지 않는, 정말로 기계와 함께 사는 것 같은 상태가 될 수도 있습니다.

모차르트와 모네의 사례에서 얘기되진 않았지만, 두 사람 모두 감당하기 어려운 성격을 갖고 있었을 가능성이 높으니다. 예술가는 감정적이고 까다롭기 마련입니다. 그래야 예술을 하고 창작을 할 수 있습니다. 예술가가 아니더라도, 사업을 하거나, 돈을 잘 벌거나, 다른 뛰어난 재능을 가진 인재일 경우 역시 감당하기 어려운 성격에 시달려야 할 수 있습니다. 모차르트 수준의 천재성은 절대 공짜로 주어지지 않습니다. 그런 초인적인 능력으로 부와 명예를 얻을 수 있다면 그만큼 마땅히 감수해야 할 게 있을 것이란 생각을 해야 합니다.

우리는 세상에 완벽한 남편감은 없다는 사실을 이해합니다. 남자 구분법은 언제나 시소 게임이며, 어느 한쪽이 바람직하면 다른 한쪽은 그렇지 못할 가능성이 높다는 사실을 이해합니다. 남자 구분법은 다분히 취사선택의 문제이며, 당신은 모차르트급 천재성과 기계적 성실함을 포기하는 대신에 좀 더 꼼꼼한 생활 습관의, 정리 정돈이 잘되는, 일상에 더 도움이 되는, 원만한 성격의 남자를 선택할 수 있습니다. 반대로, 정리 정돈이 불가능한 혼돈의 삶을 살아야 하더라도, 천재적 재능과 극단적·기계적 성실함을 가진 모차르트 유형의 남자를 선택하는 모험을 해 볼 수도 있습니다.

2. 수도승형

존 록펠러(John Davison Rockefeller, 1839-1937). 자본주의의 악마

로 묘사되는 석유 재벌. 집 밖에서는 최악의 악인으로 손가락질받았지만, 집 안에서는 유례를 찾아보기 힘들 정도로 모범적인 좋은 남편이었음. 절대다수의 자수성가 재벌들이 과격적, 충동적, 즉흥적이었던 데 비해 록펠러는 극도로 신중했고 철저하게 이성적이었음. 다른 자수성가 재벌들이 성공에 도취돼 방탕한 인생을 즐겼던 것과 달리 록펠러는 평생 술과 여자를 멀리했고, 파티나 행사에도 참석하지 않았으며, 심지어 영화나 음악조차 감상하지 않는 극도로 절제된 수도승의 삶을 살았음. 얼마를 벌고, 얼마를 썼는지 센트 단위로 숨 막히게 빠짐없이 기록. 분 단위 스케줄에 따라 움직이는 기계처럼 철두철미한 루틴이 그의 인생 전부였음. 경영에서 물러날 당시에는 사회적으로 지탄을 받아서 스트레스 때문에 건강이 심각하게 악화됐으나, 은퇴 후 기계처럼 규칙적인 생활을 하며 다시 건강해짐. 인류 역사상 가장 돈이 많았던 사람이었지만, 매일 아침 여섯 시에 기상해 농사일을 하고 해 떨어지면 바로 잠자리에 들었음. 일요일은 종일 교회에서 보내며 주일 학교에서 교리를 가르쳤고, 교회 사무를 보았으며, 심지어 청소도 했음. 1900년대 초, 독점 기업 논란으로 살해 위협을 받는 동안에도 버젓이 집에서 뉴욕의 사무실까지 지하철을 타고 출퇴근했을 정도로 그의 인생은 철저하게 정해진 규칙에 의해 움직였으며 좀처럼 예외를 두는 법이 없었음. 50대

중반에 경영에서 물러나 남은 인생 40년을 자선 사업에 집중. 다른 부자들의 생색내기 자선과 차원이 달라서 그의 자선 사업은 반드시 결과를 내야 했음. 그의 의학 연구소는 실제로 십이지장충과 황열병 멸종이라는 성과를 냈고, 시카고 대학과 록펠러 대학, 필리핀의 센트럴 필리핀 대학도 설립하며 많은 문화·교육 사업을 성공 및 존속시켰음. 그와 결혼한 로라 스펠먼은 마음씨 착하고 동정심 많은 종교인이자 노예 해방론자였음. 록펠러는 아내의 영향으로 흑인 인권을 적극 지지했으며, 아내의 사회 운동에도 동참했음. 평소 아내를 존경해 사석에서 이렇게 말함: "아내는 언제나 나보다 판단력이 좋았다. 나는 언제나 아내의 조언을 따랐고, 아내의 조언이 아니었다면 난 가난뱅이로 살다 죽었을 것이다." 슬하에 네 명의 딸과 한 명의 아들을 두었던 그는 자식들을 부유하게 키우면 버릇 나빠진다며 또래 아이들보다 용돈을 적게 주고 강하게 키웠음. 록펠러의 자손들은 기업인으로, 자선 사업가로, 정치인으로, 행정가로, 대대손손 가문의 이름을 드높임.

 록펠러의 삶에는 교훈이 있습니다. 가정을 지키는 최고의 덕목은 '절제'라는 사실입니다. 남자의 기계적 성실함이 가정을 번영케 하는 연료·엔진·가속장치라면, 절제는 가정의 안정을 도모하는 안전띠이자 브레이크입니다. 그리스 선박왕 오나시스의 삶과 비교해 봅니다. 오나시스는 브레이크 없는 폭주 기관차 같은 무절제한 삶을 살았고, 그래서 록펠러 이후 세계 최고의 부자로 등극했습니다. 세계 최고의 유명 미녀들과 관계를 맺었지만, 그의 가정은 파괴됐습니다. 오나시스의 본처는 약물 중독으로 사망했고, 딸도 약물 중독자가 되었습니다. 후처는 그를 무시하고 외면했으며, 아들은 오나시스의 불찰로 사망했습니다. 돈만 빼고 모든 걸 잃은 그는 회한의 고통에 몸부림치다 비참하게 죽었으며, 그의 가족과 자손들도 몰락했습니다.

록펠러는 예외적인 남자였습니다. 대부분의 자수성가 부자들이 비즈니스를 위해 가정을 희생하기 때문입니다. 비즈니스가 우선이지 가정이 우선인 경우는 거의 없기 때문입니다. 록펠러 같은 예외적인 좋은 남편이 존재할 수 있었던 건 절제하는 습관 때문이었습니다. 그는 사생활만 절제하며 살았던 게 아니라 비즈니스, 인간관계, 취미 생활에서도 철저하게 절제하는 습관을 유지했습니다. "탐욕은 뼈저린 결핍을 낳는다"라는 어머니의 조언을 평생 신조로 삼아 단 한 번도 개인의 쾌락을 위해 돈을 쓰지 않았고, 경쟁자를 동정하지도 미워하지도 않은 채 아무런 사적 감정 없이 모든 일을 기계처럼 냉혹하게 처리했습니다.

록펠러의 또 다른 특이점은 그의 아버지가 최악의 남편이었다는 사실입니다. 록펠러의 아버지는 맹물을 강장제라고 속

여 파는 사기꾼이었습니다. 전국을 떠돌며 혼외정사를 즐겼고, 가정은 돌보지 않았습니다. 일찌감치 본처와 꾸렸던 가정을 버리고 새살림을 차렸는데 새살림을 차리기 위해 이름과 성도 바꾸었습니다. 1906년에 사망할 때까지 묘비도 사지 못할 알거지로 살았고, 아들이 세계적 갑부가 됐다는 소식을 들었음에도, 죽을 때까지 아들을 찾지 않았습니다. 아버지로부터 못된 것만 보고 듣고, 아버지 때문에 극빈에 가까운 결손 가정에서 자랐음에도 록펠러는 아버지의 영향을 전혀 받지 않았습니다. 오직 어머니가 가르친 절제하는 종교적 삶을 살았습니다.

록펠러는 혹시 사이코패스 아니었을까 생각할 수 있습니다. 록펠러에 대한 세간의 악평과 음모론을 보면 그가 인간성을 상실한 인간이었다고 생각할 수 있습니다. 록펠러가 '비범한' 인간이긴 했지만, 그렇다고 정신적 문제가 있거나 범죄적 성향·의도가 있는 사람은 아니었습니다. 그의 모든 말과 행동, 심리는 정상 범위 내에 있었고 그와 관련된 악평과 음모론은 대부분 일고의 가치도 없는 허위 사실이었습니다. 록펠러의 사례가 지나치게 특이해 보인다면 좀 덜 특이한 사례를 보기로 합니다. 일본의 베스트셀러 작가 무라카미 하루키입니다.

> 무라카미 하루키(村上春樹, 1949년생). 60년대 와세다 대학 문학부 연극과를 다녔으나 졸업하지 않고 휴학. 극단적 개인주

의 성향 보유. 세 명 이상 모여야 하는 자리에 체질적으로 거부감을 느낌. 학생 운동도, 전공과목인 시나리오 프로젝트도 '협업'이 필요하다는 사실에 기겁하고 때려치움. 스스로 말하길 대학 시절 유일하게 얻은 것은 지금의 아내 다카하시 요코. 결혼식 없이 부부로 살기 시작, 둘이 함께 휴학 후 동경 외곽에서 재즈 카페를 운영. 재즈 카페는 의외로 운영이 잘됐지만 (7년 넘게 운영) 어느 날 갑자기 뜬금없이 소설가로 데뷔, 세계적인 인기 작가가 됨. 선인세로 수십억 원을 받는 특급 베스트셀러 작가가 되었지만 그는 자신이 얼마를 버는지 거의 모르고 있음. 모든 수익 관리를 아내에게 맡겼기 때문. 그는 원고를 쓰면 무조건 아내에게 먼저 보여 주고 아내의 OK 사인이 떨어져야 출판을 하는 것이 철칙. 사람을 만나는 것을 극도로 꺼리는 대신, 한번 신뢰 관계가 형성된 사람과는 거의 평생 인연을 지속함. 실례로 현재 하루키의 전담 출판사 편집자는 그의 데뷔작부터 25년간 함께해 온 사이토 요코 한 명. 재즈 카페를 그만둔 것도 베스트셀러 작가가 됐기 때문이 아니라 매일 사람들을 접대하는 게 너무 스트레스였기 때문. 베스트셀러 작가가 된 뒤로 언론 인터뷰나 접대 자리도 극구 피하는 것으로 유명. 고급 식당이나 술집에서 유명인과 사교 모임을 갖는 것보다 동네 생선 가게에서 생선을 골라 집에서 요리해 먹는 걸 선호. 새벽에 일어나 오전에는 글을 쓰고 오후에는 달리기나 수영을 하고 저녁에는 술 한잔하며 책을 읽는 극히 일관된 루틴을 평생 지속. 아내와 오랜 세월 잉꼬부부로 살아왔지만 자식은 없으며, 자신의 소설 속 주인공들과 달리 여성 편력도 없는 것으로 유명.

록펠러가 수도승과 다름없는 극단적 절제의 삶을 살았다면, 하루키는 주변에서 흔히 볼 수 있는 평범한 절제의 삶을 살았습니다. 우리는 이들 삶에서 중요한 공통점을 발견합니다. '루틴'입니다. 앞 챕터에서 루틴에 대한 이야기를 했습니다. 남자가 가정을 책임지고 유지하려면 루틴에 따라 움직여야 한다고 했습니다. 삶은 루틴에 의해 유지된다고 했습니다. 루틴을 지키지 못하는 남자, 충동적인 남자, 일탈하는 남자는 가정을 지킬 수도 유지할 수도 없다고 했습니다. 루틴은 앞서 말한 기계적 성실함의 연장선입니다. 좋은 남편감의 필수 항목입니다. 절제를 가능케 하는 가장 중요한 요소입니다.

남편감에게 절제란 예상 못 한 행동, 돌발 행동을 하지 않는다는 의미입니다. 모든 행동이 예측 가능한 범위 내에서만 발생한다는 뜻입니다. 어쩌다 예상 밖의 행동을 하더라도 아내와 가정에 해가 되는 경우는 발생하지 않는, 지극히 안전한, 안심할 수 있는 남자를 말합니다. 절제하는 남자를 욕구가 적은 남자, 욕구를 잘 참는 남자로 착각하기 쉽습니다. 물론 욕구가 적을수록 절제도 쉬운 것은 사실입니다. 하지만 그게 전부일 순 없습니다. 욕구는 자연 발생적이며 일정하지 않습니다. 욕구를 잘 참는 것에는 기준이 없으며, 그저 그때그때의 임시방편일 수 있습니다. 욕구가 적다는 것 역시 아무 기준이 없으며, 아무리 욕구가 적어 보여도 예상 못 한 돌발 행동을 하는 경우도 많습니다.

남자의 절제는, 욕구의 형태가 아닌, 생활 습관에 의해 결정됩니다. 남자는 정해진 루틴에 따라 살수록 절제할 확률이 높아지며 예상 밖의 행동을 할 가능성이 낮아집니다. 케이블카를 생각합니다. 정해진 길에서 벗어나지 않습니다. 케이블카가 정해진 길에서 벗어나면 그건 죽음―폐기처분을 의미합니다. 케이블카와 같다고 생각합니다. 케이블카처럼 루틴에 따라 사는 남자일수록 평생 절제하며 예측 가능한 행동만 할 가능성이 높습니다.

록펠러는 사업을 하면서도 철저하게 정해진 루틴에 따랐습니다. 싸게 사서 비싸게 판다. 이 루틴을 지키기 위해 다른 모든 걸 희생했습니다. 그가 사업을 확장하고 경쟁자들을 찍어 누른 것과 그 모든 악독한 사업 방식들은 기본적으로 싸게 사서 비싸게 팔기 위한 루틴의 일부였습니다. 그는 새로운 사업에 뛰어들 때도 지극히 신중하게 결정을 내렸습니다. 남들이 한 번도 밟아 보지 못한 길을 뚫고 산업의 새로운 기준을 만들었지만, 여기에 안주하지 않고 이후에는 더 크고 빠른 케이블카를 건설했습니다. 먼저 케이블카 트랙을 깔고, 그러고 나서 이 트랙을 따라 움직일 케이블카를 만들었습니다. 모든 사업은 그렇게 철저하게 안정 지향적, 예측 가능한 방식으로 구축되었습니다. 오나시스와 비교하면 이해가 쉽습니다. 오나시스의 사업 방식은 반대였습니다. 케이블카보다 황소개구리에 가까웠습니다. 예측 불허의 방향으로 뜀박질해서 먹이를 잡아먹고 똥을 싸는, 전형적인 생태 교란형 비즈니스 행태를 보였습니다.

하루키의 인생에서 유일한 일탈은 소설을 쓰기로 결심한 것이었습니다. 그는 어느 날 불현듯 소설을 쓰고 싶다는 욕구에 사로잡혀 소설가가 되었지만, 그의 소설 쓰는 방식, 소재, 주제, 문체, 상상력은 정해진 루틴에서 벗어나지 않았습니다. 그의 소설이 "식상하다", "재미없다"라는 평을 듣는 것도 정해진 루틴 때문이었고, 그가 소설가로 롱런하고 있는 것도 정해진 루틴 때문이었습니다.

루틴에 따르는 삶이 재미없다, 불행하다, 가난하다는 편견이 얼마나 근거 없는 생각인지 보여 주는 사례들입니다. 루틴에 따르지 않는 청개구리의 삶을 살았던 남자들이 어떻게 가정을 몰락시키고 불행해졌는지 우리는 앞서 본 나쁜 남편감들의 사례를 통해 깨닫습니다. 루틴을 지키는 삶은 위험 요소를 최소화하고, 삶의 기반을 마련해 주며, 안정적인 번영을 가져옵니다. 안정적인 기반 위에 지속적인 발전이 가능합니다. 판에 박힌 삶은 재미없다, 매력없다, 식상하다, 그런 배부른 소리 하기 전에 루틴에 따라 성공한 삶이 그렇지 않아서 망한 삶보다 수십 배 많다는 사실을 인지합니다. 루틴에 따르는 삶은 세월이 지날수록 (조금씩) 더 나아질 가능성이 높은 반면, 예측 불허의 충동적 삶은 세월이 흐를수록 더 가난하고 불행해질 가능성이 높습니다.

루틴에 따르는 삶은 기계적 성실함의 연장선이자 좋은 남편감을 완성하는 세트입니다. 역경, 불운, 갈등, 천재지변 등 예기치 못한 변수로부터 가정을 수호하는 '회복 탄력성' 기능을 합니다. 계속 강조하지만 남자의 의지·결의는 가정에 아무 도움이 되지 않습니다. 인생은 길고 변수는 끝이 없기에 굳은 마음가짐만으로 가정이 유지될 수는 없습니다. 길고 긴 결혼 생활에서 믿을 수 있는 건 오직 남자의 행동 패턴뿐입니다. 남자의 행동 패턴만이 가정을 유지하고 번영하게 만드는 유일한 요소입니다. 루틴에 따른다는 건 항상성homeostasis을 의미합니다. 항상 같은 상태와 패턴을 유지하려는 기질 때문에, 아무리 큰 변수가 생겨도, 아무리 심각한 상처를 입어도, 그럼에도 불구하고 변함없이 가정으로 돌아와 가정을 책임지는 겁니다. 이런 종류의 남자는 결혼하면 가정을 자기 삶의 루틴으로 삼습니다. 그래서 무슨 일이 터져도, 무슨 악재가 닥쳐도, 기계처럼 오뚝이처럼 가정으로 돌아옵니다. 결혼 전 철저하게 루틴에 따라 살았듯, 결혼 후에도, 무슨 일이 생겨도, 가정을 지키며 가정을 위해 변함없이 몸뚱이를 굴리게 됩니다.

루틴에 따르는 남자는 구분하기 어렵지 않습니다. 대부분 겉으로 드러납니다. 집-학교-집-직장, 좀처럼 예외를 두지 않는 생활 습관. 언제나 같은 옷, 같은 음식, 같은 취미 생활, 꾸준히 동일한 삶의 방식 등. 하지만 루틴에 따르는 남자 중에도 결혼하면 전혀 달라지는 경우가 있습니다. 게을러서, 안일해서, 멍청해서, 상황이 그럴 수밖에 없어서, 어쩔 수 없이 판에 박힌 삶을 사는 남자들입니다. 이런 남자들은 상황이 달라지면, 혹은 여자와 사귀거나 결혼을 하면 예측 불가능한 행동을 할 수 있습니다. 지금껏 재미없고 불행하게 살았던 걸 보상받으려는 듯 돌발 행동을 하게 되는 겁니다. (늦바람이 가장 대표적.) 이런 남자를 만나지 않으려면 다음 특징들을 확인해야 합니다. 결혼 후에도 달라지지 않는, 아내와 가정을 위한 한결같은 루틴의 삶을 사는 좋은 남편감의 특징은 다음과 같습니다.

까다로운 인간관계. 루틴의 삶을 살려면 인간관계가 한정적이어야 합니다. 인간관계가 넓고 복잡할수록 루틴에서 벗어나게 됩니다. 자제를 모르는 인생을 살 가능성이 높아집니다. 반대로 인간관계가 좁고 까다로울수록 루틴에 따르는 인생, 자제하는 인생을 살 가능성이 높습니다. 일반적으로 루틴남은 내성적이고 수줍은 성격인 경우가 많습니다. MBTI 테스트에서 '내향형'에 해당되는 남자들인데, 내향적인 남자 중에서도 인간관계가 복잡한 경우가 있고 외향적인 남자 중에서도 드물지만 인간관계가 한정적인 남자들이 있습니다. 본질은 '사람을 어떻게 사귀는지' 보는 겁니다. 이 사람 저 사람 닥치는 대로 사귀는 남자일수록 예측 가능한 루틴의 삶을 살기 어려울 것이며 가정에 충실하지도 못할 것이라 예상해야 합니다. 반대로 사람을 만나고 관계를 맺는 데 까다로운, 사람을 많이 가리는 남자일수록 루틴에 따르는 삶을 살 것이라 예상할 수 있습니다. 우리는 이제 나쁜 남편감 유형 첫 번째로 왜 "친구 많고 술 잘 먹는 남자"가 나왔는지 알 수 있습니다. 가정에 충실할 수 있는 요소가 없기 때문입니다. 술 잘 먹고 친구가 많은 것만으로 이미 가정에 충실할 수 있는 모든 물리적·성격적 요소가 사라져 버리기 때문입니다.

안정 지향적. 남자가 돈을 빌려 주식에 투자하거나 가진 돈을 몽땅 코인에 털어 넣는 걸 보고도 그럴 수도 있다거나, 운이 없었다거나, 어쩌다 한 번 한 실수라고 생각한다면 사람 보는 안목에 문제가 있는 것입니다. 기본적인 사리 분별 능력이나 상식이 없는 것입니다. 이 남자는 일확천금에 혈안이 된 인간입니다. 결혼에 적합치 않은, 지나치게 '모험 지향적'인,

가정에 극히 위험한 인간입니다. 남자의 안정 지향적 성품이 가정을 책임지는 데 얼마나 중요한지 간과하는 경우가 많습니다. 가정의 번영은 가장의 안정된 경제력과 성품에 기반합니다. 결혼할 남자를 찾고 싶으면 이 남자가 안정 지향적인 사람인지 봐야 합니다. '빨리빨리 벼락 횡재 조급증'에 거부감을 갖는, 코인이니 해외 증시니 갭투자니 그런 트렌드에 관심 없는, 스스로의 힘으로 안정적으로 인생을 이끌어 가려는 사람인지 봐야 합니다. 여기서 말하는 안정 지향적 성품은 소심함과 다릅니다. 소극적이다, 겁이 많다, 욕심이 없다, 그런 게 아닙니다. 다시 말하지만 '자기 주관대로 사는 성품'을 의미합니다. 자신만의 주관, 철칙, 인생관 때문에 그렇게 살기로 한 것입니다. 세상 모두가 대박을 좇아 몰려다닐 때, 주변 모두가 이거 안 하면 죽는다고 꽥꽥댈 때, 그때마다 중심을 잡고 원래 삶의 방식을 고수하는 겁니다. 지금 당장 세상 트렌드에 뒤처지더라도, 잠깐 남보다 손해를 보더라도, 인생사 새옹지마라는 겁니다. 인생은 길고 세상은 끝없이 바뀌는 법입니다. 최후에 웃는 자는 거북이지 토끼가 아닙니다. 세상 풍파에 흔들리지도 좌절하지도 않는 심지 굳은 남자가 마지막에 풍요의 삶을 살게 됩니다.

안정 지향적 성품은 게으르거나 비활동적인 것도 아닙니다. 집에서 보내는 시간이 많은 건 사실이나, 대부분 집에서 바쁘게 잘 삽니다. 남이 받아 주지 않아서 혼자 노는 게 아니라 혼자 노는 게 좋아서 혼자 놉니다. 혼자 노니까 돈도 잘 안 쓰는데, 돈을 쓸 줄 몰라서 그런 것이 아니라 돈을 적게 쓰고도 즐거우니 그런 것입니다. 유흥이나 자동차, 명품에 거액을 탕진하는 일에도 관심이 없습니다. 그런 걸 해도 즐겁지 않은 겁니다. 그렇게 놀면 불편한 겁니다. 대개는 안분지족의 삶을 삽니다. 남자의 평소 사는 모습은 남편감에 관한 많은 정보를 제공합니다. 겉으로 드러난 모습만 보는 게 아니라 왜, 어쩌다 저러고 살게 되었는지 동기motive를 봐야 합니다. 남자의 겉모습이 아닌 행동의 이유를 보는 것입니다.

철저한 현실주의. 좋은 남편감 사례인 하루키를 기억합니다. 수도승 같은 삶을 살았다고 하지만 그는 아무것도 절제하지 않았습니다. 본인은 스스로 하고 싶은 거 다 하고 살았으며 누릴 거 다 누리고 살았습니다. 이게 좋은 남편감의 진짜 모습입니다. 억지로 그렇게 사는 것이 아니라 자기도 모르게 그렇게 사는 것. 하루키는 절제의 삶을 산 것이 아니라 현실적 삶을 살았다고 생각합니다. 그에게는 기념일도, 프러포즈도, 결혼식도 불필요한 허례허식이었습니다. 대학 때 만난 마음 맞는 친구와 그냥 함께 살게 된 것이 하루키 부부가 치른 혼례의 전부였습니다. 그가 인간관계를 최소화하고 불필요한 만남을 갖지 않는 것 역시 현실주의적 삶의 한 단면입니다. 사회적 유대 관계를 위해 흔히 하는 활동들—안부, 아부, 덕담, 선물 등은 하루키 같은 남자들에게 불필요한 요식 행위이며 대부분 과감히 생략되곤 합니다. 이들에게 보편적인 온정주의는 기대할 수 없다는 사실을 이해해야 합니다. 선후배 사이에, 친구 사이에, 이웃 사이에 예의상 "그래야 한다"는 정서적 기대도 하루키 스타일의 남자들에게는 존재하지 않는다는 사실을 이해합니다. 우리는 록펠러가 왜 그렇게 세상 사람들에게 지탄받고 사회적 고립을 자초했는지 생각해 봅니다. 혹시 보편적 사회 정서를 따르지 않았던 건 아닌가 생각해 봅니다. 사람들 사이의 당연한 관습, 인지상정, 허례허식 같은 것 없이, 자신이 옳다고 생각한 현실주의를 따랐던 게 아니었나 생각해 봅니다. 그래서 경쟁자를 압도할 수 있었고, 그래서 세상으로부터 부당한 비난에 시달렸고, 하지만 그 대신 행복한 가정을 꾸릴 수 있었던 건 아닐까 생각해 봅니다.

가족 이기주의. 우리는 세간에 알려진 록펠러의 '만행'을 '가족 이기주의'로 관점을 바꿔 봅니다. 그의 잔혹했던 사업 방식이 혹시 가족 번영의 욕심 때문은 아니었을까 생각해 봅니다. 그렇게 번 돈을 전부 고스란히 모아 가족에게 쓰고 남는 돈은 전부 기부했으니, 그의 삶은 애당초 가족 이기주의를 모티

브로 삼았던 게 아닐까 생각해 봅니다. 반대로 제 가족도 제대로 챙기지 못하면서 '공공의 이익'이 어쩌고 '박애주의'가 어쩌고 버는 족족 남에게 써 버리는 이타주의 무능력자들을 생각해 봅니다. 먹을 게 생기면 제 가족 입에 넣어 주는 게 아니라 남의 가족 입에 먼저 넣어 주는 남자들을 생각해 봅니다. 이들이 과연 록펠러를 악인이라고 욕할 자격이 있는지 생각해 봅니다. 가족의 입장에서는 누가 더 악인일지 생각해 봅니다. 가족보다 다른 사람이 우선이면 애당초 결혼은 왜 한 것인지 생각해 봅니다.

우리는 전래 동화 '흥부와 놀부'를 떠올립니다. 흥부는 착해서 가난해진 게 아니라 무능해서 가난해졌습니다. 부모 재산을 놀부가 강탈해서 가난한 게 아니라 본인이 무능하고 게을러서 가난했습니다. 부모 재산으로 먹고사는 사람은 아무도 없던 시절이었습니다. 먹을 것도 입을 것도 없는데 덮어놓고 자식만 줄줄이 낳은 다음, 놀부 집에 가서 구걸할 생각이나 하고 있으니 가난에서 벗어날 리 없습니다. 밖에서 쌀 한 톨도 못 구해 오는 무능력한 가장이니 착하게 사는 게 유일한 인생 훈장입니다. 제비가 물어다 준 박씨로 벼락부자가 된 흥부가 과연 부자로 늙어 죽었을지 생각해 봅니다. 아무리 일확천금을 벌어도 무능한 사람이 유능해지는 법은 없습니다. 되는 대로 게으름뱅이의 인생을 사는 사람이 부지런해지는 법도 없고, 철두철미 계획된 인생을 사는 법도 없습니다. 무엇보다, 가족을 위해 살지 못하는 남자가 갑자기 가족을 위해 살게 될 일도 없습니다. 착하고 만만한 흥부는 자신과 눈곱만큼도 관련 없는 남들에게 재산을 퍼 주었을 것이며, 그나마 남은 돈은 친구와 이웃과 사기꾼들에게 모두 다 털렸을 것입니다. 흥부는 도로 거지가 됐을 것이고 다시 놀부에게 구걸하며 먹고사는 처지가 됐을 것입니다.

돈을 아무리 많이 벌어도, 아무리 운이 좋아도, 원래 살던 삶의 방식은 바뀌지 않습니다. 남을 위해, 계획 없이 정처 없이 사는 사람은 뭐가 어떻게 되더라도 여전히 그렇게 살 것이며, 본인은 물론 그의 가족들도 가난하게 늙어 죽을 것입니다. 원래 나를 위해, 가족을 위해, "내 가족 먼저 먹여야 한다"라는 이기적 루틴에 따라 사는 사람은 어떤 환경에서도 여전히 그렇게 살 것이며, 그래서 마지막에 풍족하게 늙어 죽을 것입니다.

부실한 성적性的 능력. 일탈이 없는, 절제하는 인생을 사는 남자일수록 성적 능력이 떨어집니다. 이들에게는 섹스가 루틴에서 벗어난 행동일 가능성이 높습니다(혹은 루틴에 억지로 포함되어야 하는 '의무 사항'이거나). 이들 중 섹스를 즐기는 경우는 드문 편이며, 당연히 섹스를 잘하는 경우도 없다시피 합니다. 우리는 "금슬 좋은 부부 사이에 아이가 없다"라는 속설이 낭설이 아니라는 생각을 합니다. 루틴에 따라 사는 남자일수록 결혼해서 좋은 남편이 되고 아내와 사이가 좋지만, 루틴에 따라 사는 습성 때문에 번식력이 떨어지는 부작용을 겪는 것입니다. 남자가 섹스에 관심이 덜하거나, 섹스에 비정상적으로 서툰 경우 여자는 어쩌면 이것이 루틴남의 특징일 수 있다는 생각을 해야 합니다(물론 성적 취향 혹은 성적 기능의 문제인지 여부를 먼저 판단해야 합니다). 남자의 성적 능력은 남자 구분법에서 무시할 수 없는 기준입니다. 충동적인, 예측이 어려운 남자일수록 성적 능력이 뛰어나며 번식력—임신 확률도 높은 반면, 이성적인, 예측 가능한 모범적 삶을 사는 남자일수록 성적 능력과 번식력이 떨어지는 경향이 강하게 나타납니다.

재미없음. 루틴에 따른 삶은 공붓벌레 모범생의 삶과 비슷합니다. 그만큼 안전하지만 재미없다는 뜻이기도 합니다. 재미가 없다. 매력이 없다. 끌리지가 않는다. 이는 좋은 남편감의 고질적인 문제입니다. 앞서 언급한 "눈에 띄지 않는다"라는 점과 함께 좋은 남편감의 결혼율을 낮추는 근본적 문제입니다. 남자가 눈에 띄지 않는다, 재미가 없다, 그럴수록 혹시 좋은 남편감은 아닌지, 루틴을 따르는 삶을 살기 때문은 아닌지 확인해 볼 필요가 있습니다. 재미도 없고 말도 안 통하는 벽창호 공붓벌레와 억지로 결혼할 이유는 없습니다. 아무리 좋은 남편감이라도 최소한의 호감은 있어야 결혼해서 같이 살 수 있습니다. 하지만, "이 남자가 이렇게 재미없고 뻔한 데에서 오는 장점도 있을 것"이라는 생각만 해도 여자의 남자관계는 크게 확장됩니다. 지금껏 관심 두지 않았던 따분한 남자들에게도 기회를 주는 겁니다. 좋은 남편감을 만날 '인재 풀'을 넓히는 겁니다. 남자에 대해 더 많은 걸 알수록, 좋은 남편감의 특징에 대해 더 많은 걸 이해할수록, 남편감 인재 풀은 넓어지며 더 나은 남편감과 결혼할 확률도 높아집니다.

잔소리. 잔소리가 심한 남자들이 있습니다. 같이 있으면 귀에서 피가 나는 것 같다는 남자들이 있습니다. 남자가 계집애 같아서, 성격이 조급하고 참을성 없어서 그럴 수 있습니다. 하지만 그게 아니라 삶의 방식에 기준이 있기 때문일 수 있습니다. 세상 사는 방식에 주관이 강해서 다른 사람에게 잔소리하는 것일 수 있습니다. 루틴에 따르는 남자일수록 이 가능성이 높아집니다. 왜냐하면 루틴에서 벗어나는 걸 못 참기 때문입니다. 자기 자신이 루틴에서 벗어나는 것도 용납할 수 없지만, 그만큼 다른 사람이 자신이 정해 놓은 루틴에서 벗어나는 것도 용납하지 못합니다. 각자 서로 다른 영역에서 서로 다른 인생을 살 때는 문제가 없습니다. 하지만 같은 공간에서 삶을 공유할 경우 트러블이 발생합니다. 저 사람의 루틴과 나의 루틴이 충돌하는 것입니다. 좋은 남편감이라고 자신의 루틴을 다른 사람에게 양보하는 경우는 없습니다. 오히려 나쁜 남편감일수록, 루틴이 없는 남자일수록, 서로의 루틴이 충돌할 가능성도 없고 상대에게 트집을 잡을 가능성도 낮습니다. 여자에게 잔소리하는 남자를 보면 여자는 두 가지 판단을 해야 합니다. 1) 이게 사생활 간섭인지, 아니면 2) 자기 루틴이 침범당한 것에 대한 방어인지. 여자의 사생활에 간섭하려고 잔소리를 하는 경우라면, 이 남자는 더 이상 다른 건 볼 것도 없이 나쁜 남편감입니다. 그게 아니라 여자가 남자의 루틴에 침범했기 때문에 잔소리를 하는 경우라면 당신은 이 남자의 권리를 인정해 줘야 합니다. 자신의 루틴에 대한 방어 기제가 강할수록, 즉 그런 의미에서 잔소리가 많을수록 안전한 남자일 수 있으며, 가사 노동에 성실할 좋은 남편감일 수 있다고 생각해야 합니다.

엄격한 부모. 절제하는 남자들, 루틴에 따라 사는 남자들의 상당수가 엄격한 부모 밑에서 자란 건 사실입니다. 어릴 때부터 부모가 도를 넘는 행동을 하지 못하도록 훈육시킨 것입니다. 틀에서 벗어나는 행동을 하면 가차 없이 제재를 가한 것입니다. 어릴 때 습관이 평생 가는 것입니다. 극단적인 행동을 하지 못하는, "그래선 안 된다"라는 절제의 재갈이 머릿속에 항상 채워져 있는 것입니다. 하지만 항상 그런 것은 아닙니다. 어릴 때 너무 엄격한 부모 밑에서 자란 남자가 성인이 되어 늦바람 드는 경우도 많습니다. 다시 말하지만 절제는 의지나 훈련의 문제가 아닙니다. 생활 습관의 문제입니다. 부모의 영향도 중요하지만, 그보다는 유전적 행동 패턴이 더 중요합니다. "평소 절제를 하느냐 마느냐" 이걸 보는 게 아니라, "얼마나 루틴에 따른 일관된 삶을 사느냐", "얼마나 정해진 대로 사느냐" 이걸 보는 겁니다. 그렇게 사는 걸 얼마나 선호하는지를 보는 겁니다. 누가 시켜서, 억지로, 할 수 없이 그렇게 사는 게 아니라, 그렇게 사는 걸 좋아하는 겁니다. 우리는 하루키를 판단의 기준으로 삼습니다. 하루키처럼 자신의 삶에 확고한 취향과 주관이 있는지 보는 겁니다. 그 삶의 방식에 타협이나 설득의 여지가 없는 것이 당연하다는 사실을 이해하는 겁니다.

3. 상식과 공정형

에르빈 롬멜(Erwin Johannes Eugen Rommel, 1891-1944). 2차 대전 독일군의 영웅. 나치군으로 활약하다 히틀러를 배신하고 죽었지만 독일은 물론 전 세계의 존경을 받았던 참군인. 평민 집안 출신으로 전장에서 혁혁한 공을 세우며 초고속 승진. 북아프리카에서 독일 '아프리카 군단'의 최고 사령관으로 부임 후 믿기 힘든 신출귀몰 전략으로 연합군을 연파하며 전설적

승전을 기록. 전쟁의 신이었던 동시에 전장의 신사였음. 부하 병사들의 복지 향상에 최선을 다했으며, 식수가 부족해 죽어가는 적군 부상병에게 식수 트럭을 보내 주는 사해동포주의와 홍익인간의 아량을 베풀기도. 상부의 명령대로 움직이지 않고 상황에 따라 자기 마음대로 판단을 내리는 청개구리 기질의 군인이었으나, 매번 그의 '명령 불복종'이 최선의 결과를 낳는 바람에 히틀러의 총애를 받았음. 1942년 영국군의 물량 공세로 북아프리카 전세가 크게 기울자, 계속 싸우라는 히틀러의 명령에도 "총통의 명령보다 부하들의 목숨이 더 중하다"라며 전면 퇴각. 이후에도 유태인 학살을 비난하여 히틀러와의 관계는 최악으로 치달았고, 연합군의 노르망디 상륙 당시 아내의 생일을 축하하기 위해 전장을 이탈했던 사실이 알려짐. 1944년 7월, 히틀러의 암살 시도에 연루되었다는 죄목으로 처형당함. (히틀러 암살 세력은 롬멜에게 히틀러 사후 총통 자리를 제의했음.) 롬멜의 엄청난 명성 때문에 그의 처형은 극비로 진행. 가족의 안전을 보장해 준다는 약속하에 청산가리 음독 자살을 강제함. 그의 사인은 전쟁 후유증으로 인한 심장마비로 발표됐으며, 장례식은 국장으로 치름.

이름만 들어도 '좋은 남편감'이라는 확신이 드는 남자들이 있습니다. 남녀노소를 가리지 않고 절대적·압도적 만장일치지지를 받는 '성인saint'과 다름없는 남자들. 남자 구분법 같은 것을 몰라도 그냥 보면 누구나 알 수 있는 최고의 남편감들입니다. 하지만 아무리 최고의 남편감이라도 완벽한 남편감일 수는 없으며, 설사 진짜 완벽에 가까운 남편감이더라도 당신의 마음에 들 것이란 보장은 없습니다.

우리가 롬멜의 인생 에피소드에서 알아야 할 사실은 그가 호락호락한 사람이 아니었다는 겁니다. 롬멜이 역사적 위인이 된 건 철통같은 상식과 주관 때문이었습니다. 신으로 추앙받던 히틀러의 명령조차 "싫다"라고 말하며 거부할 수 있는 초인적 기개, 뚝심, 주관이 있었던 겁니다. 그게 없었다면 그는 영웅도, 참군인도 되지 못했을 것이며, 지금 롬멜이라는 이름도 기억되지 않았을 겁니다. 많은 사람들, 특히 여자들이 이해하지 못하는 사실은 그 초인적 기개가 전장에서만 발현되는 게 아니라는 겁니다. 여자를 사귈 때도, 결혼 생활 중에도 똑같이 발현된다는 겁니다. 군 통수권자 히틀러의 명령도 거부한 남자가 여자의 말은 들어 줄 것이라는 착각은 여자라서 할 수 있는 가장 어리석은 착각입니다.

롬멜이 위급한 전황에도 아내의 생일을 챙기기 위해 전장을 이탈한 건 분명 '사회적 체면보다 가족이 더 소중한' 좋은 남편의 전형이었습니다. 하지만 그렇다고 이 남자가 매사 여자 편에 선다는 의미는 아닙니다. 롬멜의 에피소드를 통해 우리가 얻는 교훈은 이런 유형 남자들은 누구의 편도 아니라는 사실입니다. 그는 독일군이었지만 영국군 부상자를 도왔고, 유태인을 동정했으며, 히틀러를 제거하기 위한 쿠데타에 동조했습니다. 그는 독일의 편도, 히틀러의 편도, 국방부의 편도 아니었습니다. 그는 자신이 옳다고 믿는 '상식'의 편이었습니다.

그가 히틀러에게 등을 돌린 것처럼, 자신의 아내 역시 상식에 어긋난다고 생각하면 냉정한 태도를 보였을 것입니다. 가정을 버릴 일은 없겠지만, 아내의 편을 들어 주는 일도, 아내 입장을 지지해 주는 일도 없었을 것입니다. 결혼 전 연애 관계였다면, 여자의 비상식적인 말이나 행동에 쓴소리를 했을 것이며, 아주 쉽게 등을 돌리고 관계를 끊어 버렸을 것입니다. 자기가 옳다고 생각하는 말과 행동을 고집하면서 여자의 말과 생각은 무시하거나 경멸했을 수도 있을 것입니다.

우리는 좋은 남편감의 정의를 되짚어 봅니다. 좋은 남편감은 여자에게 맞춰 주는 남자가 아니라 가정을 책임지는 남자라고 했습니다. 그러기 위해 남자는 기계적으로 성실해야 하며, 가정을 부양하기 위한 루틴에 따라야 합니다. 그리고 무엇보다, 일관된 주관과 상식이 있어야 합니다. 루틴에 기반한 성실함이 가정을 지키는 근육이라면, 주관과 상식은 두뇌입니다. 루틴에 따르는 성실함이 가정을 이끄는 동력이라면, 주관과 상식은 방향을 정하는 운전대입니다. 아무리 뛰어난 고

성능의 자동차도 운전대를 잘못 잡으면 정상 주행이 불가능합니다. 마찬가지로 아무리 성실한, 초인적 자제력을 가진, 극도의 모범적 삶을 사는 남자라도 몰상식한 주관으로 살면 가정을 몰락의 길로 이끌게 됩니다. 앞서 나쁜 남편감 유형에서 본 애국자, 사회운동가, 취미가 등이 그런 사례입니다.

사람이 상식이 없다는 건 중요한 걸 잊는다는 의미입니다. 세일즈 직원이 책상 디자인을 트집 잡으며 세일즈는 안 하는 걸 말합니다. 디자인 부서 팀장이 디자인 회의 시간에 정치 이야기를 하는 걸 말합니다. 회사 사장이 신혼인 직원의 가족계획에 간섭하는 걸 말합니다. 몰상식한 사람, 주관이 흐릿한 사람일수록 최우선 목표를 잊거나 혼동합니다. 지엽적 목표를 위해 중요한 목표를 희생합니다. 남편감의 문제에 대입해 보면 이해하기 더 쉽습니다. 결혼한 남자가 남의 집 경조사에 밤을 새는 겁니다. 반정부 시위에 나간다고 며칠 동안 연락이 되지 않는 겁니다. 집에서 애를 돌보는 것보다 조기 축구회 친구들과 친목 도모가 더 중요한 겁니다. 이런 걸 당연시하는 겁니다.

세일즈 직원으로 채용이 됐으면 물건을 더 많이 파는 데 집중하는 것이 상식입니다. 디자인 부서 팀장이 됐으면 더 우수한 디자인 제작을 독려하는 것이 상식입니다. 회사 사장은 직원들의 가족계획에 간섭할 게 아니라 업무 효율을 높이는 데 집중하는 것이 상식입니다. 롬멜의 이야기로 돌아갑니다. 진격

시 부하들이 몰살당할 게 뻔하다면 명령을 어기고 퇴각하는 것이 상식입니다. 전쟁이 공멸을 가져올 것이 확실하다면 전쟁을 중단하는 것이 상식입니다. 같은 상식이 여자관계에도, 결혼 생활에도 적용됩니다. 명절날 시댁에 가는 게 부부 관계에 파탄을 가져온다면 시댁에 가지 않는 것이 상식입니다. 처가의 부당한 요구에 응하는 것이 모두를 불행하게 만들 것 같으면 그런 요구를 거절하는 것이 상식입니다. 심지어, 아이를 낳는 것이 아내 건강에 심각한 위협이 된다면 아이를 낳지 않는 것이 상식입니다. 왜냐하면 그게 가정을 지키는 길이기 때문입니다.

"남자는 현명한 여자와 만나야 행복하다"라는 말이 있습니다. 같은 맥락으로 여자는 '상식적인 남자'와 만나야 오래 행복하게 살 수 있습니다. 여자들은 남자가 친절하고 다정하고 신사적인 것이 중요하다고 생각합니다. 하지만 결혼 뒤 그런 것들은 거의 도움이 되지 않습니다. 결혼 뒤 도움이 되는 것은 상식입니다. 말이 통하고 이치에 닿는 판단을 해야 같이 오래 삽니다. 사람 말이 안 통하는데, 매번 어처구니없는 말과 행동을 일삼는데, 친절하고 다정하고 신사적인 것이 무슨 소용일지 생각해 봅니다.

친절, 다정함, 신사적 행동은 몸에 밴 습관이거나 그렇게 보이기 위한 연기입니다. 겉으로 드러난 모습일 뿐 실제 결혼 후에도 지속될 행동 패턴일 순 없으며, 상식적인 사고방식과도 관계가 없습니다. 마찬가지로, 상식적인 사람이 친절하고 자상하고 신사적이라는 생각 역시 잘못된 생각입니다. 오히려 상식적인 사람이 좀 더 불친절하고, 자상하지 못하며, 신사적이지 못해 보일 때가 많습니다. 왜냐하면 상식적인 사람에게는 껍데기보다 본질이 중요하기 때문입니다. 겉으로 드러난 모습보다 실제 행동이 더 중요하기 때문입니다. 이에 또 다른 상식적인 남자(상식남) 샘플을 하나 소개합니다. 『오만과 편견』의 주인공 다아시(Mr. Darcy)입니다.

> 다아시(Fitzwilliam Darcy). 영국 작가 제인 오스틴의 소설 『오만과 편견(Pride and Prejudice)』의 남자 주인공. 오늘날 로맨스 소설, 만화, 영화, 드라마 남자 주인공의 원형(prototype). 뛰어난 외모에 소문난 부자지만 비사교적인 성격. 오만방자 건방지기 짝이 없는 비호감 싸가지지만 속은 따뜻하고 진실된 남자.
> "그는 자존심이 무척 강하고 내성적이며 까다로웠다. 그의 태도는 품격 있었지만 사람들에게 좋은 인상을 주진 못했다. 빙리는 어디를 가든 사람들의 호감을 샀지만 다아시는 늘 사람들에게 반감을 사는 편이었다."
> "더비셔에 엄청나게 큰 영지를 소유하고 있다는 사실도 그의 오만한 표정과 불쾌한 태도를 상쇄할 수는 없었다."
> "사람들은 그를 더없이 거만하고 불쾌한 인물로 단정 짓고

그가 다시는 오지 않기를 바랐다."

여주인공 엘리자베스와의 첫 만남에서는 "못 봐 줄 정도는 아닌데 난 지금 다른 남자들이 거들떠보지 않는 여자를 상대해 줄 기분이 아니다"라고 폭언. 엘리자베스는 다아시를 구제불능 무뢰한으로 여기고 증오하지만, 알고 보니 다아시는 1) 엘리자베스의 무례한 행동을 넓은 아량으로 받아 주고 있었음. 2) 엘리자베스 가족의 끔찍한 몰상식과 무례도 너그럽게 받아 주고 있었음. 3) 위컴이라는 범죄자에 낚여 인생 망한 엘리자베스의 여동생을 남몰래 구제해 줌. 4) 위컴과는 원수지간이었음에도 엘리자베스의 여동생을 구제하기 위해 위컴도 같이 구제해 줌. 5) 이 사람 저 사람에게 온갖 선행 다 베풀어 놓고 누구에게도 생색내지 않음. 엘리자베스는 다아시가 어째서 가까운 이들에게 그렇게 존경받고 있었는지 깨달음. 진짜 구제불능 오만방자 싸가지는 자기 자신이었음을 깨달은 엘리자베스는 다아시의 구애를 받아들임.

다아시는 소설 속 허구의 캐릭터지만 상식남의 전형입니다. 대부분 정도의 차이가 있을 뿐, 첫인상이 다아시와 놀라울 정도로 유사합니다. 왜 말을 저렇게 하지. 저 사람 혹시 내게 악의가 있는 게 아닐까. 가정 교육을 잘못 받은 건 아닐까. 상식적인 사람은 예의 바른 사람이 아니라 유연하고 합리적인 사람입니다. 세상 눈치를 보며 세상의 손가락질에 따라 사는 사람이 아니라 자기 기준에 따라 사는 사람입니다. 자신의 기준에 따라 세상을 바라보고 말하고 행동하기 때문에 사람들에게 불편함을 주기 쉽습니다. 상식과 주관이란 그런 것입니다. 세상 모든 사람들과 어울릴 수는 없는 것입니다. 세상 모두에게 인기 있을 순 없는 것입니다.

우리는 롬멜의 사례를 기억합니다. 그 시대 가장 능력 있는 상식남이었지만 많은 사람들의 미움을 받았습니다. 유능한 군인이 아닌 제멋대로 사는 또라이, 자기만 옳다는 건방진 미운 오리 새끼라고 욕을 먹었습니다. 능력 있는 상식남에 좋은 남편이었던 조선 시대 학자 정약용(1762-1836)도 같은 케이스였습니다. 가까운 지인들에게는 성인과 다름없는 존경과 사랑을 받았지만 그를 잘 모르는 사람들, 관계가 먼 사람들에게는 죽을 때까지 구제불능 오만방자 싸가지였습니다. 자신보다 더 지적인 사람도, 교양 수준이 더 높은 사람도 없다고 생각하니까. 굳이 세상에 좋게 보일 필요가 없다고 생각하니까.

다시 강조합니다. 상식적인 사람은 예의 바른 사람도 아니고 인기가 많은 사람도 아닙니다. 상식적인 사람은 고집, 편견, 인습에서 자유로운 사람입니다. 세간의 평가에 연연하지 않는 사람입니다. 남들이 하라는 대로 따라 하는 사람이 아니라, 상황에 따른 최선의 선택을 하는 사람입니다. 세상의 눈치를 보기 위해, 다른 사람의 기준에 따르기 위해 전전긍긍하는 사람이 아니라, 스스로의 기준으로 나 자신을 위한, 내 가정을 위한 최선의 결정을 내리는 사람입니다. 남에게 어떻게 보이기 위해 발버둥 치는 것이 아니라 실제 삶이 나아지기 위한 인생을 사는 사람입니다. '상식적'이란 위조될 수 없는 성품입니다. 본인이 아무리 그런 척 머리 굴리고 발버둥 쳐도 그렇게 될 수 없는 것입니다. 상식적인 남자들은 다음의 특징을 공유합니다.

본질·핵심에 집착. '상식적'이라는 성품은 다양한 상황에서 다양한 의미로 쓰일 것입니다. 남자 구분법의 관점에서 '상식적'이란 '뭣이 중헌지' 아는 것입니다. 결혼해서 가정을 책임질 남자에게 '무엇이 더 중요한지' 아는 것보다 더 '상식적'인 건 없습니다. 그래야 가족의 목숨을 지킬 수 있기 때문입니다. 쌀통에 쌀을 채우는 것, 처자식을 보호하는 것, 위험한 장소에 가지 않는 것, 위험한 짓을 하지 않는 것, 자존심 버리고 무릎 꿇을 수 있는 것. 결혼한 남자는 가정을 지키는 게 최우선이라는 걸 아는 겁니다. 자존심, 명예, 효도, 애국, 대의명분, 그 어떤 것도 가정보다 우선할 수 없다는 걸 아는 겁니다. 남자가 상식적이라는 건 그런 걸 의미합니다. '뭣이 중헌지' 안다는 건 특정 분야에 한정되지 않습니다. 가정에 대한 책임이 가장 중요하다는 걸 아는 남자는 세일즈를 해도, 디자인 팀장을 해도, 사장을 해도, 여전히 뭐가 가장 중요한지, 뭐가 최우선인지 잘 압니다. 상식적이란 건 그런 걸 의미합니다. 세상 어디서 누구와 무슨 일을 해도 항상 똑같이 가장 중요한 걸 최우선으로 한다는 의미입니다. 이는 남자의 평소 말과 행동만 봐도 남자의 상식 수준을 알 수 있다는 뜻입니다.

글이나 말을 보면 알 수 있습니다. 상식적인 사람은 처음부터 끝까지 원래의 주제에 집중하는 반면, 비상식적인 사람은 계속 엉뚱한 이야기로 새 버립니다. 그래서 원래 하려던 얘기가 뭔지, 결론이 뭔지 알 수 없는 상황에 빠집니다. 회의를 하면 사람마다 이런 차이가 크게 두드러집니다. 어떤 사람은 아무리 말이 옆으로 새도 원래의 주제로 자석처럼 돌아오는데, 어떤 사람들은 계속 원래 주제로 길을 잡아 줘도 또다시 엉뚱한 얘기로 빠집니다. ADHD 아닙니다. 정신에 문제가 있는 것도 아니고, 나사가 빠진 것도 아니고, 머리가 나쁜 것도 아닙니다. 상식이 없는 겁니다. 상식이 없기에 핵심에 집중하지 못하는 것이고, 핵심에 집중하지 못하기에 상식이 없습니다. 무슨 일을 해도, 어떤 인간관계를 맺어도, 해야 할 건 안 하고 할 필요가 없는 것만 합니다. 어떤 것도 제대로 결론짓지 못한 채, 일도 인간관계도 망치게 됩니다. 문제를 해결하지 못하고 더 많은 문제를 만들게 됩니다.

이런 사람들의 가장 중요한 특징이 허례허식에 집착하는 겁니다. 허례허식, 겉치레, 사회적 인습에 놀라울 정도로 강한 애착을 보입니다. 오래된 관습이니 이제 하지 않는 것이 좋겠다고 조언을 해도 죽자 사자 과거의 폐습에 매달립니다. 주관이 없고 몰상식하기에 하던 대로 하지 않으면 불안한 것입니다. 남의 눈치를 봐야 하고 어딘가 의존해야만 하는 겁니다. 안 해도 되는, 아무 의미 없는 관행에 병적으로 집착합니다. 단지 그게 더 마음 편하다는 이유로.

여자와 사귈 때 기념일, 선물, 규칙, 말투, 트렌드, 데이트 통장, 프러포즈 등에 집착하는 남자를 주의합니다. 이들 대부분은 말을 할 때도 글을 쓸 때도 주제에 집중하지 못할 것이며, 뭐가 중요한지 쉽게 잊거나 원래 목적을 혼동하거나 아예 처음부터 모르는 경우가 많을 것입니다. 이들은 결혼 뒤 제사, 가족 행사, 종교 행사 등 허례허식에 집착할 것이며, 이를 위해 가정을 희생할 것입니다. '뭣이 중헌지' 모른다는 게, 몰상식하다는 게 얼마나 위험한지 알아야 합니다. 기념일 잘 챙기고, 선물 잘 사 주고, 트렌드에 박식하고, 존댓말에 예의범절 투철하니 좋은 남편감이겠지, 그렇게 결혼했다가 희생당한 여자들이 너무 많습니다.

정서적 문제에 집착하는 남자 역시 뭣이 중헌지 모르는 몰상식한 남자입니다. 상대에게 반성, 사과, 예의, 친절, 공감,

이해를 요구하는 남자가 있다면 이 남자는 현실 판단이 불가능한, 몰상식한 남자라고 봐야 합니다. 상식이란 곧 현실적 사고의 문제입니다. 아무 실리 없는, 기분상의 문제가 아닌, 실제 먹고사는 문제를 말합니다. 실제 먹고사는 문제에 집중하는 남자와 결혼해야 합니다. 그런 것과 아무 관련 없는 예의, 인습, 사회적 눈치에 매달리는 남자일수록 결혼해서 처자식을 굶기게 됩니다. 몰상식한 허례허식의 굿판에 제 처자식을 소품으로 삼게 됩니다.

지독한 객관성. 상식남을 구분하는 또 다른 좋은 방법은 자기 자신에 대해 객관적인지 보는 겁니다. 자기 잘못을 인정하는지 여부는 가장 직관적이면서도 가장 흔한 상식남 구분법일 것입니다. 문제는 자기 잘못을 인정하는 게 립서비스일 가능성이 있다는 점입니다. 입으로 자기 잘못을 인정하니까 상식적인 남자라는 판단은 섣부른 것입니다. 남자는 누구나 자존심 때문에 자기 잘못을 쉽게 인정하지 않으려는 경향이 있습니다. 반대로, 잘못을 인정하지 않더라도 사회적 체면 때문에 거짓으로 인정하는 척하는 경우도 있습니다. 중요한 건 자신의 문제를 교정하느냐입니다. 자신의 문제를 인지하는 것도 중요하지만, 고치는 게 더 중요합니다. 입으로는 자기 문제를 인정하지 못해도, 가족을 위해 고치기로 하는 겁니다.

자존심 때문에 겉으론 안 그런 척을 해도, 그게 아니라고 화를 내고 부인해도, 조용히 남몰래 고치는 겁니다. 그게 좋은 남편입니다.

제 자신의 문제는 감정이 얽히기 마련이니 다른 대상에 대해 객관적인지 보는 것이 좋습니다. 가장 쉬운 방법은 자신의 부모에 대해 객관적인지 보는 겁니다. 자신의 부모가 좋고 싫은 걸 떠나서, 사이가 좋고 나쁜 것과 관계없이, 부모에 대해 얼마나 객관적인 자세를 취하는지 보면 됩니다. 상식적인 남자일수록 자신의 부모를 있는 그대로 평가합니다. 자기 부모에 대해 스스로도 비판적으로 발언하고, 다른 사람이 한 비판적 발언도 객관적으로 받아들입니다. 부모뿐 아니라 가족 친지, 친구, 회사, 고향, 주거지 등 자신이 몸담은 (혹은 몸담았던) 모든 대상에 대해서도 객관적입니다. 스스로에 대한 비판적 혹은 비하적 발언을 주저하지 않으며, 다른 사람의 발언에도 흥미로워하거나 재미있어하지 절대로 화내거나 사적으로 받아들이지 않습니다.

이런 남자가 상식남입니다. 대화가 잘 통하는 남자입니다. 오래 함께 살아도 속 터질 일이 적은 남자입니다. 상식남은 다른 사람의 의견을 귀담아듣습니다. 처음에는 화가 나더라도 맞는 얘기면 받아들입니다. "그럴 수도 있다", "내가 항상 옳지는 않다"는 유연한 사고방식은 자신과 가까운 관계에 대한 객관적 태도에서 시작됩니다. 나랑 가깝다고, 친하다고, 내 편이라고, 내가 몸담은 곳이라고, 그런 이유로 편향된 태도를 보이지 않습니다. 반대로, 자신에 대한 비판에는 아무리 너그러워도, 자기 부모, 고향, 친구, 회사, 조직 등에 대한 비판에 과민 반응을 보이거나 객관적이지 못한 모습을 보일 경우, 이 남자는 예외 없이 몰상식한 사람이라고 판단해야 합니다. 결혼 후 자기 부모나 사회적 평판을 위해 가정을 희생시킬 가능성이 높다고 봐야 합니다.

편들어 주지 않음. 객관성의 연장입니다. 계속 강조하지만 정상적인 남자는 누구의 편을 들어 주지 않습니다. 정상적인 남자는 상식의 편이지 누구의 편이 아닙니다. 상식적인 남자, 좋은 남편감일수록 더욱 그렇습니다. 남자가 결혼을 했으니 당연히 아내의 편을 들어 줘야 한다는 여성 특유의 망상에서 벗어나야 좋은 남편감과 백년해로할 수 있습니다. 남자는 가정을 책임지기 위해 결혼한 것이지 여자의 비위를 맞춰 주기 위해 결혼한 것이 아니며, 절대로 친구의 편도, 직장 조직의 편도, 이념이나 명분의 편도, 심지어 자기 부모의 편도 아닙니다. 남자는 정신이 건강할수록, 지능이 우수할수록, 그리고 무엇보다 좋은 남편감일수록, 상식의 편에 섭니다.

남자가 누구의 편도 들어 주지 않는다는 것이 여자에게 얼마나 고마운 일인지 모르는 경우가 많습니다. 결혼한 여자 입장에서 남자가 시댁의 편을 드는 것보다 더 최악의 상황은 없습니다. 남편이 행실이 불량한 술친구 편을 들어 주는 게 얼마나 무서운 일인지 알아야 합니다. 누구의 편도 들어 주지 않는 객관적인 남자는 결혼 생활에 종종 구세주 역할을 합니다. 아무리 친부모라도 "아닌 건 아니다"라고 딱 잘라 말할 수 있습니다. 아무리 친한 친구라도 도를 넘으면 관계를 끊어 버릴 수 있습니다. 어떤 종류의 갈등이 생겨도 객관적으로 판단하고 행동합니다. 누구의 편도 아니니 갈등이 심화되지 않습니다. 아무것도 사적으로 받아들이지 않으니 믿을 수 있는 겁니다. 감정이나 편견에 치우쳐 부당한 행동을 하지 않기에 신뢰가 쌓이는 겁니다. 세월이 지날수록 신뢰감이 커지고 관계가 돈독해집니다. 이런 남자와 같이 살면 나만 잘하면 됩니다. 내가 상식적이면 되는 겁니다. 내가 현실적으로 행동하면 되는 겁니다. 그러면 남자는 언제나 내 편일 것일 것입니다.

좋지 않은 첫인상. '츤데레.' 일본의 인터넷 속어로, 새침하고 도도한 모습을 나타내는 의태어 '츤츤'과, 부끄러워하는 것을 나타내는 의태어 '데레데레'의 합성어입니다. 즉, 평소 겉으로는 쌀쌀맞고 차갑게 대하지만, 속마음은 따뜻하고 부드러운 사람을 뜻합니다. 단편 소설 『운수 좋은 날』의 김첨지가 츤데레의 대표로 알려져 있습니다. 평소 아내를 모질게 구박하지만 몸져누운 아내에게 설렁탕을 사 주기 위해 뼈가 부서져라 인력거를 끄는 남자. 상식적인 남자들은 이런 모습을 공유합니다. 『오만과 편견』의 다아시 같습니다. 겉보기에는 나쁜 놈이었는데 알고 보니 착한 놈이었다는 것. 처음에는 싸가지 없는 놈이었는데 나중에 보니 열혈 순정 좋은 남편감이었다는 것. 정도의 차이만 있을 뿐, 이 패턴이 거의 모든 상식남에게 동일하게 나타납니다.

앞서 말한 바와 같이, 나쁜 남편감의 가장 중요한 특징이 결혼 뒤에 달라진다는 겁니다. 결혼 전에는 백마 탄 왕자였다가 결혼 뒤에 인간쓰레기로 돌변하는. 상식남은 이와 반대입니다. 결혼 전이나 후나 달라지는 것이 없거나, 결혼하고 난 뒤에 여자에게 잘하는 겁니다. 중요한 점은 세월이 가고 나이를 먹을수록 여자에게 점점 더 잘한다는 겁니다. 다아시 유형 남자의 가장 큰 매력입니다. 하지만 너무 많은 여자들이 이런 남자의 첫인상에서 불쾌감을 느끼고 관계를 포기합니다. 다아시와 비슷한 상식남일수록 남자의 특징이 여자의 본성을 거스를 가능성이 높습니다. 지나치게 이성적이고, 지독하게 객관적입니다. 과도하게 강한 주관은 여자를 숨 막히게 합니다. 상식남이 인기 없는 이유입니다. 결혼이 힘든 이유입니다. 우리는 남자가 그런 모습을 보일 때마다 '츤데레'의 본성이 숨겨져 있는 게 아닌지 생각합니다. 지금은 아직 아무 관계 아니니까, 서로 잘 모르니까, 남자가 이성적일수록 초반에는 밉상이라더라, 이런 생각으로 조금 더 두고 보며 관찰합니다. 그러다 어쩌다 한 번씩 여자에게 극진한 모습을 보이면, 이게 결혼 뒤 모습일 수도 있다는 생각을 해야 합니다. 대부분 잠깐 그랬다가 다시 원래 모습으로 돌아옵니다. 이것도 상식남의 중요한 특징입니다. 원래의 성격과 주관, 그리고 행동 패턴이 유지된다는 것. 그래야 할 필요가 있을 때만 작동 모드를 바꾸어 여자에게 극진하다는 것을 기억합니다.

작동 모드가 바뀌지 않는 경우, 원래의 모습으로 돌아가지 않는 경우가 문제입니다. 남자가 어느 날 갑자기 태도가 달라져 충직한 개로 완전히 바뀌었다면 이 남자는 상식남이 아닌 것입니다. 이 남자는 여자와 섹스하고 싶어서 그런 것입니다. 여자에게 강한 성적 매력을 느끼고 그 욕구에 지배당하고 있는 것입니다. 여자 때문에, 성욕 때문에, 본래의 자기 자신을 버린 것입니다. 이런 남자는 나쁜 남편감일 확률이 높습니다. 십중팔구 성욕이 식는 순간 변심하게 됩니다.

남자가 여자에게 잘하는 것이 성욕 때문인지, 아니면 다른 목적이 있는 것인지 판단하는 건 중요합니다. 상식남도, 좋은 남편감도 성욕 때문에 태도가 바뀔 수 있습니다. 여자에게 갑자기 잘해 주거나, 친절해지거나, 소장품을 주거나. 하지만 아무리 여자에게 강한 성욕을 느끼더라도 원래의 생활 방식이나 주관이 바뀌는 경우는 없습니다. 여자와의 관계를 위해 나를 바꿔야 한다면 상식남은 차라리 관계를 포기합니다. 상식남이 잘해 줄 때는 절대로 츤데레의 전형에서 벗어나지 않는다는 사실을 기억해야 합니다. 남모르게 잠깐 잘해 주더라도 자신의 본래 모습을 유지한다는 사실을 이해해야 합니다. 잘해 주는 것에도 반드시 상한선이 있으며, 절대로 자신을 버려 가며 본래의 모습을 바꿔 가며 잘해 주는 법은 없다는 사실을 기억해야 합니다. 만약에 그런다면, 이 남자는 상식남이 아닌 나쁜 남편감일 수 있다는 생각을 해야 합니다.

과도하게 강한 주관. 상식남의 아이러니는 객관적이면서도 자기중심적 모습을 보인다는 점입니다. 객관적이고 상식적이기에 사람들로부터 존경도 받고 절친한 관계도 많습니다. 하지만 많은 경우 사회성이 떨어지고 대인관계에 문제를 보이기도 합니다. 완벽하게 객관적이기에 "나만 옳고 너는 틀렸다"라는 유아독존식 태도가 드러나는 게 문제입니다. 본인은 그럴 의도가 없었다고 해도, 원래 객관성이라는 것이 그런 태생적 문제를 갖기 마련입니다. 좌파도 우파도 아니라는 것, 적군도 아군도 아니라는 것, 누구의 편도 아니라는 것, 사람들은 객관적인 사람을 좋아한다지만 실제로는 그렇지 않습니다. 누구나 자기편 들어 주는 사람을 선호합니다. 이도 저도 아닌 사람에게는 반감을 느끼거나 기회주의자라고 손가락질 합니다. 여자들은 항상 다아시라는 샘플을 기억해야 합니다. 과도하게 강한 주관이 처음 보는 인간관계에는 부정적인 작용을 해도, 오래가는 관계, 한번 맺어진 관계에는 매우 긍정적인 작용을 한다는 사실을 기억해야 합니다.

우리는 좋은 남편감의 첫인상에 대한 편견을 지우기로 합니다. 『오만과 편견』의 원제는 '첫인상First Impressions'이었습니다. 소설의 원래 주제가 남자의 첫인상에 관한 이야기였던 겁니다. 여자를 불행하게 만들 남자의 첫인상은 달콤하지만, 여자를 행복하게 만들 남자의 첫인상은 꼭 그렇지 않다는 겁니다. 인생은 언제나 아이러니의 연속이고 남자의 첫인상은 특히 더 그러한 법입니다. 남자의 첫인상이 재수 없고 불편해도, 여자에게 까칠하고 막 대해도, 이게 혹시 겉포장의 문제는 아닐지 생각해 봅니다. 내용이 부실하기에 포장이 화려한 것이고, 내용이 충실하기에 포장이 비루하고 별 볼 일 없는 게 아닌지 생각해 봅니다.

굳이 부잣집에서 태어나지 않아도, 높은 수준의 교육을 받지 않아도 좋은 남편감은 결혼해서 좋은 남편이 됩니다. 좋은 남편감도, 다아시 유형도, 시대와 사람과 배경을 가리지 않습니다. 좋은 남편감에는 차별점이 없으며, 부자로 태어났든, 가난쟁이로 태어났든, 모두 비슷비슷한 특징을 공유합니다. 결혼 전에는 왜 저러지, 이상한 사람이다 싶어도 결혼 후에는 아내를 위한 인생을 살게 되는 것. 그게 좋은 남편감으로 프로그래밍된 삶의 방식입니다. 그런 유형의 사례를 하나 더 봅니다.

에드워드 엘가(Sir Edward William Elgar, 1857-1934). 바이올린 소품곡 「사랑의 인사」로 유명한 영국의 작곡가. 20세기 초까지 음악 후진국이었던 영국에 한 줄기 빛과 같았던 천재 작곡가. 「사랑의 인사」 외에도 「수수께끼 변주곡」 「위풍당당 행진곡」 등 수많은 명곡을 남기고 영국 왕실로부터 기사 작위와 1급 공로 훈장도 받음. 성당 오르간 조율사의 아들로 태어나 독학으로 음악을 배웠음. 성당 오르간 주자로 활동하며 피아노 교습사로도 일했는데, 이때 고객이었던 아홉 살 연상 캐롤린 앨리스 로버츠(Caroline Alice Roberts,, 1848-1920)와 결혼. 「사랑의 인사」는 이 당시 엘가가 앨리스에게 청혼 선물로 쓴 곡이었음. 앨리스는 군 장성 출신 아버지를 둔 상류층 딸로, 가진 건 불알 두 쪽밖에 없던 가난뱅이 평범남 엘가와의 결혼을 집안에서 극렬히 반대했음. 이 결혼은 엘가의 집안에서도 반대했는데 당시 앨리스의 나이가 마흔이었기 때문. 하지만 엘가는 평소에도 나이 많고 똑똑한 여자를 좋아하는 취향이었고, 둘은 정말로 서로가 좋아서 결혼함. 남편의 음악적 재능을 알아본 아내는 그에게 작곡을 권유. 둘이 함께 매일 오케스트라 공연을 관람하며 유명 작곡가들의 곡을 분석. 엘가는 아내의 기대대로 많은 명작들을 쏟아 냈지만, 10년 넘게 좀처럼 이름이 알려지지 않았음. 너무 오래 무명의 골방 작곡자로 살아 우울증을 앓았지만 그의 아내는 남편의 성공을 한 번도 의심하지 않았음. 엘가가 곡을 쓰면 아내가 이를 들고 나가 사람들에게 홍보하며 13년을 살았고, 마침내 엘가의 나이 42세가 되던 해에 이름이 알려지게 됨. 이때 엘가의 이름을 처음 알린 곡이 「수수께끼 변주곡」으로, 이 곡 역시 아내의 이야기를 소재로 삼아 쓴 곡이었음. 엘가는 당대 최고의 지휘자와 작곡가들의 극찬을 받으며 유럽 전역에서 가장 잘나가는 음악가로 발돋움함. 정규 교육 한 번 받은 적 없던 엘가는 케임브리지, 옥스퍼드 등 유수의 대학으로부터 명예박사 학위를 받았고, 영국 왕실로부터 명예 훈장과 대저택을 하사받으며 하루아침에 부와 명성을 거머쥠. 하지만 1920년, 아내 앨리스를 폐암으로 잃은 뒤 엘가는 거의 모든 활동을 중단하고 칩거 노인의 삶으로 돌아감. 그리고 1934년 77세의 나이로 사망함. 낭만주의 최후의 전성기를 구가했던 낭만파 음악가였지만 철두철미한 과학적 사고의 소유자였고, 집에 연구실을 지어 놓고 과학 실험을 했던 아마추어 화학자로도 유명했음. 죽을 때까지 신이나 사후 세계를 믿지 않았으며 죽음 뒤에는 완전한 망각만 있을 뿐이라고 믿었음.

아내를 사랑해서, 아내의 기대에 부응하기 위해, 불멸의 인류 문화유산을 남기고, 단숨에 영국을 클래식 음악 강국으로 끌어올린 가난한 시골 성당 오르간 연주자. 아내가 죽자 활동을 중단하고 아내를 그리며 살다 죽었다는, 이 동화 같은 실화는 '바보 온달과 평강 공주'를 연상케 합니다. 단지 바보가 아니었을 뿐, 엘가 역시 여자를 답답하게 만든 구석이 많았을 겁니다. 가진 건 아무것도 없지만 자존심은 하늘을 찔렀기에, 여자에게 지나치게 방어적이거나 공격적이었을 것이며, 오랜 세월 불만과 짜증으로 가득한 인생이었기에 가시 돋친 말이 일상이었을 것입니다. (엘가도 젊은 시절 파혼 경력이 있었음.) 엘가의 아내는 그런 건 상관하지 않았던 겁니다. 중요하다고 보지 않았던 겁니다. 중요한 건 남자의 겉모습이 아닌 본질이라고 생각했을 겁니다. 엘가의 음악적 재능과 성실한 삶이 그의 본질이라고 생각했을 것입니다. 그의 기계적인 성실함, 루틴에 짜인 삶, 그리고 철두철미한 주관과 상식이 (언젠가 반드시) 그를 빛나게 하리라 확신했을 것입니다.

좋은 남편감 추가 사례

남자들은 지금껏 수절한 여자들을 미화하는 데 열을 올리며 수많은 미담과 전래 동화를 창작해 왔습니다. 하지만 그러면서 정작 아내와 가정을 위해 삶을 바친 가장의 사례는 한 번도 조명한 적이 없었습니다. 여자가 수절하는 건 숭고하지만 남자가 아내와 가정에 목숨 바치는 건 숭고하지 않다고 생각하는 듯합니다. 우리는 세상을 긍정적으로 해석하기로 합니다. 가정을 책임진 남자들에 대한 미담이 없는 까닭은 처자식에 대한 남자의 책임감을 우습게 보기 때문이 아니라, 당연하게 보기 때문이라고 생각합니다. 남자가 가정을 책임지는 건 결혼해서 애를 낳는 것처럼 당연하고 뻔한 일이기에 아무도 미화하지 않은 것이라고 생각합니다. 그래서 그동안 조명 받지 못했던, 좋은 남편들의 '당연한' 실화를 남자 구분법에서 미화하기로 합니다.

앙드레 고르스

앙드레 고르스(André Gorz, 1923-2007). 오스트리아 태생의 프랑스 사회주의 철학자. 본명은 게르하르트 허쉬(Gerhard Hirsch). 오스트리아의 부유한 목재상 집안에서 출생. 유태인이었음. 2차 대전 직전 히틀러가 오스트리아를 합병하면서 모든 유태인의 재산을 압류. 고르스의 부모는 남은 재산을 전부 아들에게 주고 아들을 스위스로 보낸 뒤 다시 돌아오지 말라고 함. 그것이 부모와의 마지막이었음. 16살에 가족을 잃고 망명

객이 된 고르스는 로잔 대학에서 화학 공학을 전공. 그곳에서 배우로 활동하고 있던 한 살 연하 도린(Doreen Keir, 1924-2007)을 만남. 도린은 영국인이었음. 어릴 때 아버지를 잃고 대부의 손에 맡겨졌는데, 어머니는 돈을 벌기 위해 도린을 버리고 가출. 2차 대전 후 경제적 문제로 도린은 유럽을 떠돌다 스위스에 정착했고, 이곳에서 배우로 커리어를 쌓기 시작했던 것. 고르스는 도린을 처음 봤을 때 '자신이 감히 넘보지 못할 여자'로 생각함. 무대 위 도린을 넋 잃고 바라보던 고르스에게 도린이 먼저 다가가 사귀자고 함. 고르스와 도린은 완벽한 반대 성향의 남녀였음. 병적으로 수줍고 소극적인 성격의 고르스와 달리 도린은 자유연애를 즐기는 여장부였음. 도린은 이미 수많은 남자들과 관계를 맺고 있었고, 심지어 영국에 약혼남도 있었음. 그럼에도 불구하고 도린이 무엇 때문에 돈도, 미래도, 아무것도 없는 고아 유태인 청년을 선택한 것인지는 모름. 하지만 둘은 함께 있는 것이 좋았음. 둘은 서로의 과거를 잊고 함께 살기로 함.

고르스가 화학 공학을 전공한 까닭은 취업이 잘되기 때문이었음. 당시 유럽에서 이공계 엔지니어 관련 전공자는 100% 넘는 취업률을 기록하고 있었으나, 고르스는 대학에서 실존주의 철학에 빠져 전공을 내버리고 좌익 사회주의 선동가(저술가)로 살게 됨. 당시 사회주의 이념의 요람이었던 프랑스로 건너가 사르트르와 친분을 맺고 사회주의 저술가로 명성을 쌓기 시작. 이름을 앙드레 고르스로 바꾼 것도 이때.

고르스와 도린은 남루한 셋방에서 부부 생활을 시작함. 경제적으로 어려웠지만 도린은 한 번도 고르스의 미래를 염려하지 않았음. 그는 남편의 저작 활동을 평생 지지했고 정신적으로 불안했던 남편의 버팀목이 되어 줌. 아내 덕에 고르스는 인생의 의미를 찾음. 도린을 만나기 전까지 자신은 자기 인생의 방관자였다고 함. 그에게 인생은 고통뿐이었기에 '인생은 사는 것이 아니라 그저 관찰할 뿐'이라고 생각. 도린과 결혼 후 고르스는 살아야 할 이유를 얻었고, 인생의 의미와 목적을 찾았음.

고르스는 도린을 한없이 외롭고 불쌍한 여자로 여겼음. 2차 대전 중 혼자 살던 도린이 배급 식량을 받아 고양이와 나눠 먹던 에피소드를 항상 떠올렸음. 고르스의 머릿속에는 도린이 항상 그런 이미지였음. 마음씨 곱고 다정한 여자. 하지만 실제 도린은 고르스가 묘사한 것과 완전히 다른 사람이었음. 도린은 자기가 살고 싶은 대로 사는 여자였음. 어디서든, 누구를 만나든 남자의 부양 욕구를 자극해 도움을 받는 유형이었음. 도린은 결혼 후에도 혼외정사를 즐겼고, 그 결과 자궁경부암을 앓기도 했음. 하지만 고르스의 머릿속에서 도린의 그런 실제 이미지는 완전 삭제됨. 고르스가 남긴 기록에는 실제 도린의 그런 자유분방하고 매력적인 모습이 전혀 존재하지 않고, 언제나 자신이 평생 지켜 주고 보살펴 주어야만 하는 '외롭고 가여운 여자'로 묘사됨.

고르스는 유명해지지도 못했고, 부자가 되지도 못했음. 사르트르를 비롯한 그의 동료 좌파 사회주의 철학자들이 세계적 좌파 이념의 광풍 속에 (가정을 등지고 여자를 배신하며) 잘나갔지만, 고르스는 홀로 도린에게 충직했음. 철학자, 기자, 언론 출판 사업가로 활동하며 (풍족하지는 않았지만) 부족하지 않게 살았음. 비주류였지만, 주류 학계에서 인정을 받았고, 명성을 얻진 못했지만 가정을 부양하며 행복할 수 있었음. 고르스의 마음을 괴롭힌 건 도린의 지병이었음. 도린은 엑스레이 사진을 찍기 위해 주사한 조형제가 척수에서 염증을 일으켜 평생 지주막염을 앓았음. 고르스는 고통에 시달리는 아내 때문에 한시도 아내 곁을 떠나지 못했고, 아이를 낳는 것도 포기함. 아내의 병이 더 이상 견디기 어려운 상황이 되자 고르스는 친구에게 이런 편지를 남기고 동반 자살을 결심함.

"아무리 생각해도 내게 본질적인 단 하나의 일은 그녀와 함께 있는 것일세."

고르스는 도린에게 바치는 연서戀書를 자신의 마지막 책으로 출판하기로 함. 도린은 자신들의 이야기가 출판되는 것에 반대했고, 고르스 자신도 이 책이 얼마나 팔릴지, 어떤 평가를 받을지 확신이 없었음. 하지만 파리의 작은 무명 출판사에서 출간된 고르스의 연서, 『D에게 보낸 편지(Lettre à D. Histoire d'un amour, 2006)』는 출판되자마자 베스트셀러로 등극. 첫 주에만 수만 권이 팔리고, 전 세계에 번역 출간되며 출판사와 고르스 부부를 돈방석에 앉힘. 이 책으로 수많은 사람들이 감동의 눈물을 흘렸고 수많은 사람들이 이들 부부를 직접 보고 싶어 찾아옴. 특히 프랑스의 수많은 젊은 부부들이 "어떻게 하면 당신들처럼 살 수 있느냐"는 간절한 팬레터를 보냄.

하루아침에 유명 인사가 된 고르스와 도린은 『D에게 보낸 편지』 출간 2개월 뒤인 2007년 9월, 부부의 연을 맺은 지 60년째 되는 해에 프랑스의 작은 시골 마을에서 동반 자살함.

"우리가 함께한 역사를 돌이켜 보면서 나는 많이 울었습니다. 나는 죽기 전에 이 일을 해야만 했어요. 나는 이 글을 대중들을 위해 쓰지 않았습니다. 오로지 아내를 위해 이 글을 썼습니다."

"당신은 곧 여든두 살이 됩니다. 키는 예전보다 6㎝ 줄었고, 몸무게는 겨우 45㎏입니다. 함께 살아온 지 쉰여덟 해가 되었지만 그 어느 때보다도 나는 당신을 사랑합니다."

"당신의 재가 든 상자를 받아 들지 않을 겁니다. 캐슬린 페리어의 노랫소리가 들려옵니다. '세상은 텅 비었고 나는 더 살지 않으려네.' 나는 잠에서 깨어납니다. 당신의 숨소리를 살피고, 손으로 당신을 쓰다듬어 봅니다."

"우리는 둘 다, 한 사람이 죽고 나서 혼자 남아 살아가는 일이 없기를 바랍니다. 우리는 서로에게 이런 말을 했지요. 혹시라도 다음 생이 있다면, 그때도 둘이 함께하자고."

—OBITUARY-The Writer's Malady: André Gorz, 1923-2007

샤 자한

17세기 무굴 제국의 황제였던 샤 자한(Shah Jahan, 1592-1666). 중세 시대 인도 최고의 황금기를 구가했던 지도자. 어릴 때 뛰어난 군사적 용맹을 발휘해 황제의 자리에 올랐으며, 이후 30년의 재위 기간 동안 경제적 번영과 영토 확장, 문화 예술 중흥을 이끌었음. 스스로도 뛰어난 건축가이자 안목 있는 미술 애호가였던 그는 인도와 파키스탄 등지에 무수히 많은 랜드 마크를 지었는데 그중 가장 유명한 것이 왕비 뭄타즈 마할(Mumtaz Mahal, 1593-1631)을 위해 지은 궁궐 묘지, 타지 마할(Taj Mahal)이었음.

샤 자한이 뭄타즈 마할을 만난 것은 그의 나이 열다섯 살 때였음. 당시 열네 살이던 뭄타즈는 무굴 제국의 지배하에 있던 페르시아 귀족가의 여식이었음. 둘은 만난 자리에서 곧바로 약혼을 했지만, 실제로 결혼을 한 것은 5년 뒤의 일. 그사이 황제는 두 명의 여자와 결혼했고 아이들도 낳았음. 그리고 뭄타즈는 황제의 세 번째 아내가 됨. 둘이 왜 약혼 뒤 결혼까지 5년을 끌었는지는 알려져 있지 않음. 다만 둘의 사랑은 대기만성형이었다고 추정. 둘의 결혼은 다른 왕가의 결혼과 달리 정치적 목적이 없었음. 황제는 5년간 뭄타즈와 그저 그런 연인 사이였고, 그사이 황제는 다른 여자들과 질풍노도의 연애를 하다가 마침내 뭄타즈에게 정착하기로 마음먹은 듯 보임.

결혼 뒤 둘은 행복했고, 이후 20년간 그 어떤 위대한 왕도 경험하지 못했던 행복한 결혼 생활을 하게 됨. 둘은 어디를 가든 원앙새처럼 붙어 다님. 하루 24시간, 1년 365일, 둘은 함께 먹고 자고 입고 놀았고, 심지어 황제가 영토 확장을 위해 멀리 원정을 나갈 때에도 왕비가 반드시 함께 따라감. 왕비는 전장에 지은 천막 궁전에 앉아 남편을 기다렸고, 황제는 전쟁을 끝내자마자 무장도 벗지 않은 채 왕비에게 달려와 서로를 위로함.

황제는 왕비를 위한 옥새를 하나 더 만들어 모든 국가 중대사가 최종적으로 왕비의 손을 거치게 함. 왕비는 황제 옆에서 황제가 하는 모든 일에 관여했으며, 황제의 모든 결정은 물론, 그의 말과 행동과 생각에도 지대한 영향을 끼쳤음. 그렇게 평생을 함께 붙어 다닌 덕분에 둘은 아이도 많이 낳았음. 둘 사이에서는 총 열네 명의 자녀가 태어났고, 이 중 일곱 명

2장 좋은 남편감 유형 157

이 무사히 자라 성인이 됨. 황제는 대여섯의 왕비가 더 있었으나, 그들은 모두 정치적 목적에 의해 혼인한 '명목상의 여자들'이었음. 뭄타즈는 황제에게 다른 왕비와 자식을 낳지 말아 달라 간청했고, 황제는 그 뜻을 받들어 그녀 외의 왕비들과는 자식을 만들지 않았음.

하지만 둘은 그토록 사랑했으나 백년해로하지 못함. 뭄타즈 마할이 그의 나이 40세쯤 열네 번째 아이를 낳다가 사망한 것. 당시 뭄타즈는 여느 때와 같이 황제의 원정을 따라 멀리 나와 있었음. 천막 궁전에서 산기를 느껴 출산을 시도했으나, 아이는 20시간이 넘도록 나오지 않으며 왕비를 괴롭혔고, 결국 왕비를 과다출혈로 숨지게 함. 왕비의 최후는 너무나 고통스러웠던 것으로 묘사됨. 어머니의 고통을 참다못한 그녀의 친딸들은 밖으로 나가 보석을 흩뿌리며 신에게 용서를 빌었고, 황제는 아내의 죽음에 충격을 받아 경련과 발작을 일으켰으며, 이후 전신마비 증세에 시달리기도 했음.

사랑하는 아내의 끔찍한 죽음에 황제는 모든 걸 포기한 채 1년 동안 칩거에 들어감. 이 기간 내내 죽을병에 걸린 듯 눈물과 고통의 세월을 보내다 마침내 아무도 영원히 잊지 못할 왕비를 위한 묘지, 타지 마할을 짓기로 결심함.

이후로 22년 동안, 황제는 묘지를 건설하기 위해 막대한 국가 재정과 인력, 열정을 쏟아부음. 이란, 이태리, 프랑스 등지의 외국 건축가와 전문 기술자들, 수천 명의 기능공, 세계 각지에서 수입된 최고급 대리석과 보석들을 사용해, 정원의 수로 길이만 300m에 달하는, 높이 73m의 어마어마한 묘지 궁전을 완성함. 황제는 코란에 묘사된 천국의 모습을 타지 마할에 고스란히 구현함. 십(+)자 모양의 중앙 수로는 천국에 흐르는 네 개의 강물을 상징하며, 새하얀 대리석 건물과 햇빛이 찬란하게 쏟아져 들어오는 벽의 기하학 문양은 선인들이 묘사한 천국의 궁전보다 더 화려하고 정성스러운 것으로 유명. 궁전이 완성된 뒤, 황제는 직접 시를 써 아내가 잠든 타지 마할에 헌정함.

> 죄책감과 자책, 모두 이곳에 와 잠들라,
> 그대의 죄 사하여질지니, 죄의식에서 해방되리니,
> 죄인은 이 궁전으로 오는 길을 찾으라,
> 그대의 지난 죄 모두 함께 씻겨 낼지니,
> 내 비록 이 궁전의 풍광에 목 놓아 울어도,
> 해와 달이 함께 눈물 가득 한숨지어도,
> 이 거대한 사원은 이 세상 끝나는 날까지
> 신의 영광을 찬양하리니.

그렇게 20년이 넘도록 미친 사람처럼 왕비의 묘지를 짓는

데 인생을 바친 황제는 기력이 쇠했고, 큰 아들에게 왕위를 물려줌. 하지만 곧 셋째 아들이 주도한 반란이 일어났고, 황제는 왕궁에서 쫓겨나 오래전 자신이 지었던 아그라(Agra)의 요새 감옥에 갇힘.

황제는 왕비가 묻힌 타지 마할 쪽으로 창이 뚫린 옥방을 요구했고, 이 방에서 5년 정도 더 살다가 생을 마감함. 황제의 장례는 딸들에 의해 치러졌고, 그가 그토록 사랑하고 잊지 못했던 타지 마할 내 왕비 곁에 묻힘.

좋은 남편감에 엄격한 기준은 없다

좋은 남편감을 판단할 때 지금까지 본 모든 기준을 엄격하게 적용할 필요는 없습니다. 세상에 완벽한 남편감은 없으며, 누구나 다 지나친 부분도 있고 모자란 부분도 있습니다. 그게 정상입니다. 우리는 좋은 남편감의 특징들을 '원리'로 이해합니다. "이러니까 좋은 남편이 될 가능성이 높다"라는 원리만 이해하면 됩니다. 남자는 원래 충동성의 동물이며, 변수가 많을 수밖에 없습니다. 특히 나이가 어릴수록, 사회 경험이 적을수록, 집에서 과보호받고 자랐을수록, 더더욱 예상치 못한 행동을 합니다. 남자가 좋은 남편감 특징에서 다소 벗어나는 말과 행동을 하더라도 무조건 나쁜 남편감이라고 단정 지을 수 없습니다. 남자가 경험이 없어서, 뭔가 잘못 알아서, 나이가 어려서 일시적으로 그러는 것일 수 있다는 생각을 해야 합니다. 중요한 건 남자의 본질이며, 결혼 후 모습입니다. 지금 일시적으로, 단편적으로 나타난 행동만으로는 남자의 본질을 볼 수 없으며, 결혼 후 모습도 예측하기 어려울 수 있습니다.

더 오래 두고 봐야 합니다. 남자가 지금 당장 좋은 남편감의 모든 조건을 완벽하게 갖춘 것처럼 보여도, 반대로 전혀 그런 것 같지 않아 보여도, 일단 더 두고 봐야 합니다. 남자는 시간이 지나면 자석처럼 원래의 본성으로 돌아오는 법입니다. 오래 두고 볼수록 뭐가 겉모습이고 뭐가 본질인지 가려지기 마련입니다. 남자 구분법은 시소 게임입니다. 이 부분이 좋으면 저 부분이 나쁘기 마련이며, 저 부분이 나쁘면 이 부분이 좋기 마련입니다. 어느 쪽으로 기울어지는지 보고 판단하면 됩니다. 남자의 행동이 지금껏 설명한 좋은 남편감 쪽으로 더 기울어진 상태로 오래 지속된다면 이 남자는 결혼해서 좋은 남편이 될 것이라 예상할 수 있습니다. 하나의 시소가 반대쪽으로 기울어져 있더라도 다른 시소가 이쪽으로 기울어져 있다면 그것으로 다행이며 나름 좋은 남편감일 수 있다고 판단할 수 있습니다. 모든 판단은 자의적이며 각자의 사정, 개인적 환경에 따라 달라질 수 있습니다. 좋은 남편감을 판단하는 데는 절대적인 기준이나 수치가 존재할 수 없으며, 각자의 재량에 따라 선택할 수밖에 없다는 사실을 기억합니다.

하지만 나쁜 남편감에는 엄격한 기준이 있다

좋은 남편감을 판단하는 데는 절대적인 기준이나 수치가 없지만 나쁜 남편감에는 그런 것이 존재합니다. 좋은 남편감의 시소 게임이 나쁜 남편감에는 적용되지 않는 경우가 많습니다. "이 부분이 나쁘니까 저 부분은 좋겠지." 이런 게 아니라, "이 부분이 나쁘니까 다른 부분도 나쁘겠지." 이런 논리에 좌우됩니다. "살다 보면 그럴 수도 있지." 이게 아니라, "저러면 안 된다"라는 게 나쁜 남편감을 구분하는 법입니다. 그만큼 나쁜 남편감의 특징은 유독하고 치명적입니다. 나쁜 남편감에 엄격한 기준을 세우고 칼같은 잣대를 들이대야 하는 이유입니다. 그래야 잘못된 선택을 막을 수 있습니다. 순간의 판단 착오로 인한 인생의 비극을 방지할 수 있습니다. 다음 챕터에서 정리합니다.

3장
남자 체크리스트

앞서 우리는 어떤 유형의 남자가 여자의 인생에 해로운 남자인지 혹은 이로운 남자인지 살펴봤습니다. 이제는 우리가 실제로 남자를 만날 때 어떤 점을 보고 어떻게 남자를 구분해야 하는지 구체적인 방법을 이야기합니다.

1. 구애 방식

여자에게 해로운 남자를 가려내는 가장 쉽고 빠른 방법은 남자가 여자에게 어떻게 접근하는지, 구애 방식을 보는 것입니다. 남자의 구애 방식은 남자를 판단하는 가장 중요한 정보인 동시에, 여자들이 흔히 착각하는 정보입니다. 남자의 구애 방식만으로도 남자에 대한 대부분의 정보를 파악할 수 있지만 많은 여자들이 이를 반대로 해석합니다.

1. 처음부터 너무 잘해 줌

첫눈에 반했다고 사생결단 극진하게 구애하는 남자가 있습니다. 남자가 처음 본 여자, 아직 아무 관계도 아닌 여자에게 너무 잘해 주는 까닭은 앞서 말한 대로입니다. 충동적이라서. 자제를 못하는 성격이라서. 여자를 너무 사랑해서, 사람이 너무 좋아서, 넘치는 인류애 때문에 그런 게 아닙니다. 제 감정, 제 욕정을 주체하지 못해서 그런 겁니다. 좋은 남편감일수록, 지적 수준이 높고 교양 있는 남자일수록 관계에 신중합니다. 처음 본 여자에게 너무 잘해 주는 걸 꺼립니다. 여자에게 부담 주기 싫기 때문입니다. 나만 생각할 수 없기 때문입니다. 처음 본 여자에게 너무 잘해 주는 남자는 자기 배가 고프다고 앞뒤 사정 못 가리고 게걸스럽게 주워 먹는 짐승입니다. 이 남자는 문명인이 아닌 짐승의 행태를 보이는 겁니다.

이유를 막론하고, 이제 처음 봤는데 자기 목숨이라도 내어 줄 듯 잘해 주는 남자가 정상이라고 생각한다면 사리 분별 능력에 심각한 문제가 있는 것입니다. 여자들은 흔히 운명적 사랑을 기대하고 그런 것이 실존한다고 믿습니다. 그래서 남자가 첫눈에 반해서 비이성적이고 충동적 행동을 하는 것을 운명적 사랑으로 받아들입니다. 남자관계가 불행한 여자들의 변치 않는 공통점입니다. 처음부터 너무 잘해 주는 남자만 골라 사귄다는 거.

여자에게 처음부터 너무 잘해 주는 남자의 결론은 딱 두 가지입니다. 1) 쉽게 달아올랐다 쉽게 식음. 2) 다른 여자에게도 똑같이 잘해 줌. 하루아침에 남자의 마음이 식어 등 돌리는 겁니다. 태도가 바뀌고, 다른 여자와 바람이 나는 겁니다. 처음부터 너무 잘해 주는 남자만 만나는 여자가 보게 되는 반복적인 결론입니다. 그러다 결국 마음에 상처를 입고 남자 혐오에 빠지거나, 운이 나쁘면 정신적 피해를 넘어 신체적 피해까지 입는 상황이 벌어지기도 합니다. 처음부터 그런 남자를 사귀지 않아야겠다는 생각을 하지 못합니다. 처음부터 너무 잘해 주는 남자는 어딘가에 하자가 있거나, 어떻게 돌변할지 모르는 위험이 내재된 남자라는 사실을 이해하지 못하는 것입니다.

불행한 결혼을 한 여자들 태반이 처음부터 너무 잘해 준 남자를 믿고 결혼합니다. 이렇게 평생 사랑해 주겠지 하고 결혼했다가 결혼식이 끝나자마자 현실을 직시합니다. 가정을 팽개치고 다른 여자 꽁무니나 쫓아다니는 남편에 시달립니다. 가정을 부양하지 않는 건 사소한 문제로 전락하기도 합니다. 먹고사는 게 아니라 생존이 문제인 지경에 이르기도 합니다. 2000년대에 있었던 어느 강력 범죄 사건이 그랬습니다. 유흥업소 종업원에게 반한 회사원 A는 구애를 위해 업소에 매일 찾아와 엄청난 양의 술값을 냈고, 외제차에 각종 명품 선물 공세를 하며 지극정성의 태도를 보였습니다. 남자가 자신을 이렇게 평생 사랑해 줄 것이라 믿은 이 여성은 직장을 그만두고 이 남자와 결혼합니다. 하지만 결혼과 동시에 남자는 생활비도 안 주는 적자 인생 무능력남으로 돌변. 부부 싸움 끝에 여자를 살해하고, 여자의 시체를 시골 논바닥에 암매장했습니다. ("[범죄는 흔적을 남긴다] (14)피살 20대 얼짱女, 성형수술만 안 했더라도", 서울신문, 2011. 7. 20.)

서로 알게 된 지 얼마 되지도 않은 시점부터 남자가 너무 잘해 준다는 건 이 남자가 감정, 욕정, 충동성에 지배되기 쉬운 성향이라는 사실을 말해 줍니다. 남자의 행동을 예측하기 어렵다는 걸 의미합니다. 충동적 감정에 얽매여 사는 남자는 필연적으로 자기 자신도 예측할 수 없는 행동을 하게 됩니다. 한두 시간 만에 마음이 바뀌어 언제든 여자를 배신하거나, 오늘은 그 여자라면 죽고 못 살던 감정이 내일은 죽이고 싶은 감정으로 바뀔 수도 있습니다. 이른바 '격정 범죄crime of passion'라고 불리는 거의 대부분의 데이트 범죄가 이런 남자들에 의해 발생합니다. 처음에 열렬히 들끓었던 구애의 감정이 너무 쉽게 증오와 복수의 감정으로 뒤바뀝니다.

인간 심리가 그렇습니다. 세상 이치 어디나 동일합니다. 산이 높으면 계곡이 깊습니다. 조증이 지나가면 울증이 옵니다. 지나친 열정은 냉담으로, 과도한 사랑은 들끓는 증오로 이어집니다. 너무 잘해 주면 너무 쉽게 지치고, 회의가 들고, 싫증을 느낍니다. 그리고 필연적으로 "내가 이렇게 잘해 줬는데, 이렇게까지 해 줬는데" 하는 병적인 기대와 보상 심리를 갖게 됩니다. 여자가 남자의 이런 병적인 심리를 충족해 주지 못할 경우, 아주 쉽게 마음이 식거나, 심하면 증오와 복수의 감정을 불태우게 됩니다.

"너무 잘해 준다"의 기준은 남자의 일상에 지장이 생길 정도로 잘해 주는 걸 말합니다. 앞서 루틴에 대한 이야기를 했습니다. 여자 때문에 평소의 생활 패턴, 루틴이 깨지는 겁니다. 자기도 출퇴근을 해야 하는데, 해야 할 일이 있는데 여자의 환심을 사기 위해 왕복 몇 시간의 거리를 매일 데려오고 데려다주는 경우, 밤늦도록 통화를 하는 경우 등이 대표적입니다. 여자의 가족들까지 극진히 대하거나, 부담스러운 관심과 정성을 쏟거나, 선물 공세, 불필요한 도움을 주는 경우 역시 여자에게 너무 잘해 주는 증상입니다. 여자의 환심을 사기 위해, 자기 인생 팽개친 채, 물불 안 가리고 잘해 주는 겁니다.

특히, 분에 넘치는 돈, 거액의 돈을 쓰는 경우를 주의해야 합니다. 남자가 돈이 많으면 여자에게 많이 쓸 수 있지 않나 생각하기 쉽습니다. 남자가 부자든 가난뱅이든, 돈이 얼마가 있든 만난 지 얼마 되지 않은 여자에게 분에 넘치는 돈을 쓰는 까닭은 분별력이 없기 때문입니다. 계속 같은 논리가 반복됩니다. 사랑하기 때문도 아니고, 대범하고 호탕해서 그런 것도 아닙니다. 절제를 못 해서 그런 겁니다. 자기 감정을 주체하지 못하는 겁니다. 이 남자는 충동성에 지배되는 인간이며 내일 당장 어떤 짐승으로 돌변할지 모르는 겁니다.

2. 관계에 집착

관계에 집착하는 남자들이 있습니다. 처음부터 너무 잘해 주는 남자의 흑화 버전입니다. 연락, 만남, 애정 표현에 집착하거나, 구애의 방식이 집요하거나, 자기 마음을 알아주지 않는다며 상처받고 분노합니다. 시도 때도 없이 원치 않는 전화를 걸고, 집·학교·직장 앞에서 기다리고, 이런 스토킹과 같은 행위를 해야만 관계에 집착하는 게 아닙니다. 연락에 목매고, 애정 표현을 갈구하고, 잦은 만남을 강요하는 경우에도 관계에 집착하는 것이며, 이 남자는 대단히 위험한 남자라고 판단해야 합니다. 사귀는 관계라고 이런 행위가 정당화될 수 없습니다.

결혼할 사이라 해도 마찬가지입니다. 이런 남자들이 결혼 후 '최악의 남편'이 되는 건 더 이상 언급할 필요도 없습니다. 그보다 더 중요한 건 이런 남자들이 높은 확률로 폭력적으로 변할 수도 있다는 사실입니다.

남자가 관계에 집착하는 까닭은 결핍 때문입니다. 상대가 중요해서 그런 게 아니라 내가 더 중요해서 그런 겁니다. 내가 너무 병적으로 중요해서 여자를 결핍된 자아의 먹잇감으로 삼겠다는 겁니다. 충동성이 높다, 감정이 제어되지 않는다, 그런 수준이 아니라 정신이 병든 것입니다. 남자가 관계에 조금이라도 집착을 보일 경우 '이 남자는 앞으로 어떤 무서운 행동을 할지 모른다'는 생각을 해야 합니다.

사랑해서 그런 거겠지, 그래도 사람은 착하잖아, 이런 생각이 여자의 인생을 파탄으로 몰고 갑니다. 이런 남자는 아주 쉽게 관계를 지옥으로 만듭니다. 결혼 전 집착은 결혼 후 두 배 더 강화됩니다. 집착은 거의 100% 확률로 병적인 피해망상으로 발전합니다. 자기는 버젓이 다른 여자와 바람을 피우면서 자기 여자가 다른 남자와 바람을 피울까 봐 피해망상에 미쳐 날뜁니다. 여자의 일거수일투족을 의심하고 추궁하고 물어뜯게 됩니다("애인에 집착 강할수록 바람 더 피운다", 서울신문, 2013. 11. 22.).

대기업 회장 C씨와 유명 아나운서 장 씨가 잘 알려진 사례입니다. C씨는 장 씨와 결혼하기 위해 방송국 임원 연줄을 이용하고, 매일 퇴근 시간에 방송국 카페에서 진을 치고 기다리는 등 비정상적인 방법으로 집요하게 구애를 했습니다. 처음에는 이런 행위에 부담을 느꼈으나 장 씨는 "회장님이 나를 너무나 순수하게 사랑해서 그런 것"이라고 해석했고, "그러니 결혼해서 나를 평생 사랑해 줄 것"이라고 판단을 했습니다. C회장과 결혼한 장 씨는 10년 넘게 말하기도 어려운 고통을 겪었습니다. 이혼 전까지 정신과 약을 복용해야 할 정도로 극도의 고통에 시달렸습니다.

3. 거절을 받아들이질 못함

여자가 싫다고 하는데도 아랑곳없이 구애하고 집착하는 남자. 처음부터 너무 잘해 주는 남자의 그다음 흑화 버전입니다. 관계에 대한 집착은 거절을 받아들이지 못하는 행태로 이어집니다. "처음부터 너무 잘해 주는 남자"가 1단계, "관계에 집착하는 남자"가 2단계, "거절을 받아들이지 못하는 남자"가 3단계입니다. 여자가 싫다고 했는데도 계속 접근할 경우, 이 남자는 내일 당장 어떤 문제를 일으킨다 해도 이상하지 않을 존재인 겁니다.

좋은 남편감일수록 여자가 조금이라도 싫은 기색을 보이면 즉시 관계에서 물러납니다. 그리고 다시 접근하지 않습니다. 나쁜 남편감일수록, 정신이 병든 남자일수록 여자가 아무리 싫은 기색을 보여도 관계에서 물러나지 않습니다. 자신의 이기적인 욕구가 세상에서 제일 중요하기 때문입니다. 자신의 병든 마음을 '순수한 사랑'으로 포장해서 욕구를 채우고 싶은 겁니다. 이런 남자가 결혼 뒤 어떻게 돌변할지는 스스로 판단 가능해야 합니다. 그런 판단조차 안 된다면 남자를 만나지 말아야 합니다.

남자가 관계에 집착하면 여자는 확실한 거절 의사를 밝혀야 합니다. 여자의 거절 의사를 인지하고 남자가 더 이상 매달리지 않으면 큰 문제는 아니지만, 그래도 물러나지 않고 계속 집착을 보이면 남자에게 매우 심각한 문제가 있는 것입니다. 특히 두 번 이상 거절 의사를 밝혔음에도 이를 받아들이지 못하면, 이 남자는 가까운 장래에 위험한 행동을 하게 될 것이라 봐도 무방합니다.

앞서 말한 아나운서 장 모 씨 사례처럼 받아 주는 게 가장 문제입니다. 남자가 "열 번 찍어 안 넘어가는 여자 없다"라는 생각으로 집요하게 접근하는 걸 받아 주는 게 모든 비극의 시작입니다. 거절했는데도 남자가 그만두지 않으면 불쾌·불안·공포감을 느껴야 정상입니다. 남자가 포기하지 못하고 계속 착한 척, 다정한 척, 사랑하는 척 접근하는데 불쾌감이 누그러진다면 이는 여자의 생존력에 치명적 문제가 있는 것입니다. "거절을 받아들이지 못하는 남자는 잠재적 범죄자다"라는 공식을 머릿속에 새겨 넣어야 합니다. 단 한 번이라도 남자가 거절을 받아들이지 못하고 계속 접근하면 "이 남자는 상종하지 말아야 할 질이 좋지 못한 인간"이라고 인식해야 하며, 두 번 이상 거절을 받아들이지 않을 경우 "이 남자는 추후 위험한 행동을 저지를 수 있다"라는 생각을 해야 합니다.

4. 순순히 헤어지지 않음

나쁜 남편감을 확인하는 가장 확실한 방법 중 하나는 헤어져보는 것입니다. 좋은 남편감일수록 쉽게 헤어지고, 나쁜 남편감일수록 순순히 헤어지지 않습니다. 처음부터 너무 잘해 주는 남자의 마지막 4단계, 최종 진화형이자 최악의 흑화 버전입니다. 지금껏 뉴스에서 본 데이트 폭력범, 살인범의 절대다수가 이 진화 과정을 거칩니다. 처음부터 너무 잘해 주고, 관계에 집착을 보이고, 거절을 받아들이지 못하고, 그리고 결별을 받아들이지 못해서 범죄를 저지릅니다.

남자 본인이 여자에게 흥미를 잃거나 다른 여자가 생기면 나쁜 남편감이라도 조용히 헤어집니다. 하지만 여자에게 아직 미련이 남아 있을 때, 관계를 끝내고 싶지 않을 때 관계가 중단되면 이를 좋게 받아들이지 못합니다. 공격적인 모습을 보이며 선을 넘게 됩니다. 나쁜 남편감 궁극의 심리라고 했습니다. 내가 너무 중요하기에 상대방의 입장은 존재하지 않는 것입니다. 나 이거 하고 싶은데 못 하게 했다는 겁니다. 그러니까 화난다는 겁니다. 폭력을 휘두르는 겁니다. 나 화나게 했으니 선을 넘고 피를 봐도 당연하다는 겁니다.

하지만 나쁜 남편감인지 확인해 본다고 함부로 남자에게 결별을 통보해선 안 됩니다. 아무리 남자관계를 급하게 끊고 싶어도 여자는 절대로 남자에게 헤어지자는 말을 해서는 안 됩니다. 어떤 이유, 어떤 상황에서든, 헤어지자는 말 한마디로 목숨을 잃을 수도 있기 때문입니다. 지금껏 뉴스에 등장한 거의 모든 데이트 폭력 범죄가 여자의 "헤어지자" 말 한마디로 발생했다는 사실을 기억해야 합니다. 남자가 싫을수록, 무서울수록, 결별이 급할수록, 여자는 더더욱 남자에게 헤어지자는 말을 해선 안 됩니다. 그런 비슷한 말도 해선 안 되고 그런 눈치를 주어도 안 됩니다. 일단 그냥 아무 것도 하지 말아야 합니다. 절대 아무 말도, 행동도 하지 말고 그냥 그 관계를 조용히 멀리해야 합니다. 아무런 낌새도 보이지 말고 조금씩 천천히 만남 횟수를 줄여 나가야 합니다. 이렇게 하면서 남자의 반응을 관찰합니다. 남자가 눈치채고 결별을 받아들일 경우 이 남자는 특별한 문제가 없는 것이고, 그렇지 못하고 집착을 보이거나 공격적·감정적인 모습을 보이면 혼자 해결하려 무리하지 말고 주변의 혹은 제도적 도움을 받아야 합니다.

이 모든 심리가 처음부터 너무 잘해 주는 행동에서 시작된다는 사실을 잊으면 안 됩니다. 나쁜 남편감의 전조 증상은 범죄자의 전조 증상과 거의 대부분 동일합니다. 내가 너무 중요하기 때문에 상대의 권리를 무시하고 짓밟는 겁니다. 상대방이 마음에 들어서, 박애주의적 사랑 때문에 그런 게 아니라, 자신의 알량한 성욕을 빨리 채우고 싶어서 그런 겁니다. 상대방이 부담을 느끼든 말든, 이상하게 생각하든 말든 상관없는 것입니다. 열 번 찍어 안 넘어가는 여자는 없고, 자기는 그저 빨리 욕정을 채우고 싶을 뿐인 겁니다.

정상적인 남자는 여자가 마음에 들수록 여자의 눈치를 봅니다. 나보다 상대가 더 중요하기 때문에 접근하는 방식도 조심스럽습니다. 상대방이 조금이라도 싫은 기색을 보이면, 그 즉시 물러나 절대 다시 접근하지 않습니다. 관계에 대한 집착이나 미련은 눈곱만큼도 보이지 않으며, 가망 없는 관계는 헌신짝처럼 포기해 버립니다. 그럼으로써 남자의 자존심을 지키고 여자의 권리를 보호합니다.

지금까지 이야기한 남자의 잘못된 구애 방식은 모두 자존심과 깊은 연관이 있습니다. 정상적인 자존심을 가진 남자가 처음 본 여자에게 그렇게 간도 쓸개도 다 빼 줄 듯 행동할지 생각해 봅니다. 여자가 싫다는데도 계속 그렇게 뻔뻔하게 접근할 수 있을지 생각해 봅니다. 이미 끝난 관계에 집착하고 헤어지자는 말에 추한 꼴 보일 수 있을지 생각해 봅니다. "저 남자는 자존심도 없나" 생각이 들게 만드는 남자일수록 위험한 남자입니다. 여자 앞에서 자기 자존심을 지키지 못하는 남자는 이미 잠재적인 범죄 성향을 보이고 있는 것입니다. 정상적인 자존심을 가진 남자가 정상적인 연애를 합니다. 여자와 (성적) 관계를 맺기 위해 자존심 따위 헌신짝처럼 내버리는 남자를 본다면 이 남자는 극히 위험한 인간이며, 여자에게 어떤 짓을 하게 될지 모른다는 생각을 해야 합니다.

5. 과도한 애정 표현

남편감을 판단할 때 중요한 것 중 하나가 남자가 '사랑꾼'인지 여부입니다. 남자가 결혼 전에 사랑꾼이면 결혼 후에도 사랑꾼이 됩니다. 달라지는 점이라면 아내가 아닌 다른 여자에게 사랑꾼이 된다는 점입니다. 여자들은 남자의 사랑이 과할수록 "평생 나만 이렇게 사랑해 주겠지"라는 착각에 빠집니다. 남자는 당신에게 보인 행동 패턴을 다른 여자에게도 보입니다. 남자 구분법을 읽은 여자가 기억해야 할 진실은 "내게 너무 잘하는 남자는 다른 여자에게도 너무 잘한다"라는 사실입니다.

남자가 시도 때도 없이 수시로 "사랑한다, 보고 싶어 못 살겠다, 세상천지 오직 너뿐이다, 너를 만나 세상이 달라졌다, 하늘의 별도 달도 다 따 주겠다" 기타 등등 애정 표현이 과하다 싶으면 경계경보를 발동해야 합니다. 사랑이 깊어서 그런 것이 아니라, 절제가 안 돼서, 감정적이라서, 지적·교양적 수준이 낮아서, 사고방식이 비이성적이라 그런 것입니다. 행동보다 말이 우선하면 나쁜 남편감이라고 했습니다. 행동의 결과는 없고 사랑놀이만 지나치면 이 남자는 입만 나불대는 거짓말쟁이이거나, 충동성 강한 바람둥이일 가능성이 높습니다. 지키지 못할 공약을 남발하는 정치인은 경계하면서, 같은 방식으로 구애하는 남자는 좋은 남편감으로 여기는 건 명백한 사리 분별의 문제입니다.

가장 심각한 건 남자가 여자에게 애정 표현을 요구하는 것입니다. 남자가 여자에게 왜 애정 표현을 해 주지 않느냐고 따지거나, 자신을 충분히 좋아해 주지 않는다고 서운해하는 경우 이 남자는 정신에 병이 있는 것입니다. 여자는 남자에게 애정 표현을 원할 수도 있지만 남자는 그렇지 않습니다. 남자는 여자에게 애정 표현을 잘하지도 않고 바라지도 않아야 정상입니다. 여자에게 심리적으로 의존하지 않고 스스로 만족할 수 있어야 정상적인 남자입니다. 여자로부터 애정 표현을 바라는 남자는 '사랑꾼'이 아니라 '병자'입니다.

잔혹한 데이트 범죄를 저지른 범죄자 상당수가 이와 같은 구애 패턴을 보였다는 사실을 잊어선 안 됩니다. 처음부터 너무 잘해 주고, 애정 표현이 과하며, 의존하고 집착하는. 이런 남자는 반드시 초기에 관계를 끊어야 합니다. 그러지 못하고 잠시라도 관계를 오래 끌면 견디기 어려운 불행을 겪게 될 수 있습니다.

남자가 애정 표현을 하지 않으면 자신을 사랑하지 않는 것이라고 생각하는 여자들, 남자에게 수시로 애정 표현을 요구하면서 남자가 이에 응하지 않으면 관계를 깨는 여자들, 이런 여자들은 좋은 남편감은 차 버리고 나쁜 남편감과 맺어집니다. 그리고 남은 인생을 망치게 됩니다. 그래 놓고 여전히 자신의 남자 보는 안목과 연애 방식에 치명적인 문제가 있다는 사실을 받아들이지 못한 채, 언제나 이렇게 남자를 사귀어야 행복할 것으로 믿습니다.

6. 결혼하자는 말을 쉽게 함

만난 지 며칠 되지 않았는데 결혼하자는 남자가 있습니다. 충동적인 겁니다. 결혼이 그만큼 쉽고 우스워 보이는 겁니다. 이 남자에게는 결혼이 처자식을 먹여 살릴 '책임'을 의미하는 게 아니라 여자에 대한 '소유'를 의미합니다. 좋은 남편감일수록 결혼을 부양의 의미로 받아들입니다. 그래서 신중합니다. 어떤 경우에도 결혼하자는 말을 쉽게 하지 못합니다. 책임져야 한다는 걸 잘 알기 때문입니다. 나쁜 남편감일수록 결혼을 번식의 의미로 받아들입니다. 이들에게 결혼은 부양의 책임이 아닙니다. '이 여자를 내 것으로 만들었다'는 징표, 훈장, 트로피입니다. 그래서 그렇게 쉽게 아무렇지 않게 결혼하자는 말이 나옵니다. 게임에서 목표물을 획득하고 레벨업 하는 것과 다르지 않습니다. 결혼하자는 말이 쉬운 남자일수록 나쁜 남편감입니다. 결혼 자격이 없는 결격 사유자입니다. 아직 서로 잘 알지도 못하는데, 관계가 충분히 가까워지지도 않았는데 결혼하자는 말을 하면 이 남자는 더 볼 것 없이 나쁜 남편감이라는 결론을 내려야 합니다. 시기는 중요하지 않습니다. 일반적으로 사귀고 3개월은 지나야 결혼에 대한 판단이 서는 것이 보통이지만, 그 전에 서로 충분히 알고 관계가 가까워질 수도 있습니다. 사귄 기간과 관계없이, 서로 잘 모르는데 결혼하자고 하는 경우, 결혼하자는 말이 성급하고 경솔한 경우, 여자의 의견을 살피고 여자의 의사 결정권을 존중해 주는 게 아니라 마치 "나 이거 하고 싶으니까 하게 해 달라"라는 식으로 조르는 경우, 이 남자는 결혼을 게임, 놀이, 소꿉장난으로 아는 결혼 부적격자입니다.

7. 외모 코멘트

여자의 외모에 관심 없는 남자는 없습니다. 남자는 누구나 본능적으로 여자의 외모에 끌리기 마련이며 여자 외모에 관심이 없다고 주장하는 남자들은 (의도치 않은) 거짓말을 하는 것입니다. 하지만 외모에 관심을 갖는 게 당연하다고 해서 여자 외모에 함부로 코멘트를 하는 게 정상은 아닙니다. 특히, 오늘 처음 만난 사이이거나 아직 아무 관계도 아닌데, 외모 코멘트를 두 번, 세 번, 네 번 반복한다면 이 남자는 나쁜 남편감일 가능성이 높습니다. 처음 딱 한마디 하고 말면 상관없습니다. 어쩌다 가끔씩 하는 코멘트도 문제 삼기 어렵습니다. 그런 건 자연스러운 관심의 표현입니다. 하지만 시도 때도 없이 예쁘다, 귀엽다, 몸매 좋다, 키가 크다, 눈이 어떻다, 입이 어떻다, 다리가 어떻다, 살만 빼면 되겠다, 거기만 성형하면 되겠다라는 식의 코멘트를 내뱉는 남자는 명백히 문제가 있는 것입니다. 이게 얼마나 무례하고 천박한 행동인지, 상대방이 얼마나 기분 나쁠지 생각 못 하는 겁니다. "처음부터 너무 잘해 주는 남자"의 또 다른 버전입니다. 지적·교양적 수준이 낮은, 충동적이고 감정적인, 내가 더 중요한 남자인 겁니다.

기본적으로, 여자 외모에 대한 욕망이 너무 강하기 때문에 저런 행태가 나타납니다. 주체를 못 하는 겁니다. 한번 건드려 보고 싶은 겁니다. 손으로 건드리는 건 범죄니까 말로 하는 겁니다. 자제할 줄 알아야 하는데 그게 안 되는 겁니다. 이런 남자일수록 여자 외모만 보고 결혼하는 경향이 강합니다. 그리고 결혼 후 '다른 외모'에 한눈을 팔게 됩니다. 남자가 예쁜 여자와 결혼하면 한눈팔지 않을 것이란 생각은 남자에 관한 가장 멍청한 착각입니다. 남자는 전 세계 모든 예쁜 여자를 혼자 독차지해도 내일 태어날 다른 예쁜 여자에게 한눈팔게 돼 있습니다. (오히려 그럴수록 더욱더 다른 예쁜 여자에게 집착하게 됩니다. 남자 욕정의 생리입니다. 뒤에서 자세히 설명합니다.) 외모에 집착하는 남자일수록 바람피울 확률이 높다는 건 물리 법칙에 가깝습니다. 여자 외모에 대한 코멘트가 곧 남자의 외모 집착 수준을 나타내는 신호입니다.

남자의 여자 고르는 취향은 그 사람의 인생관을 대변합니다. 신중하고 사려 깊고 생각이 깊은 남자일수록 평생 함께할 배우자를 고르는 법이고, 충동적이고 생각이 짧은 남자일수록 외모만으로 배우자를 선택하는 경향이 강합니다. 여자의 외모만 본다는 것은 여자의 내면에 대한 이해가 부족할 것이란 사실을 말해 줍니다. 배우자 선택의 유일한 조건이 외모였다면, 바람을 피우지 않는다고 해도 결혼은 위기를 맞을 가능성이 높습니다. 여자를 성적 대상으로만 여기고, 성욕이 식은 뒤에는 인간 대접을 하지 않을 수도 있습니다. 외모에만 집착하느라 '성격 차이'를 고려하지 못할 가능성도 높습니다. "외모가 착하니까 성격도 착하겠지"라고 생각했다가 전혀 그렇지 않다는 사실을 깨닫고 관계가 파탄에 이르기도 합니다. 여자 연예인들의 이혼율을 보면 이 상관관계는 더 명백해집니다("연예인 이혼율, 일반인의 2배", 연합뉴스, 2012. 11. 19.). 평생 함께 살 배우자를 외모만 보고 결정한다면, 꼭 외도와 불륜이 아니더라도 어떤 식이든 문제를 겪을 가능성이 높습니다.

8. 과도한 스킨십

공공장소에서 과도한 스킨십을 하는 남자들은 대부분 1) 욕구 통제가 안 되거나, 2) 여자를 만만하게 생각하는 경우입니다. (성희롱에 가까운) 지나친 스킨십은 남자가 여자를 너무 가볍게 보기 때문에 그러는 것입니다. 다시 말하지만, 정상적인 지성과 교양 수준을 갖춘 남자일수록, 좋은 남편감일수록 여자에게 경솔한 행동을 자제하려고 합니다. 공공장소에서 과도한 스킨십은 남자의 통제되지 않는 충동성을 보여 주는 신호입니다. 자제를 못 하는 성격이며, 언제 어디서든 충동적인 '또라이' 짓을 하게 될 가능성이 높습니다. 무엇보다 나쁜 점은 남자가 너무 쉽게 달아오른다는 겁니다. 스킨십이 과도한 건 남자가 너무 빨리 달아올랐다는 증거입니다. 산이 높으면 계곡이 깊은 법입니다. 빨리 달아오를수록 빨리 식기 마련입니다. "처음부터 너무 잘해 주는 남자"의 로직을 잊으면 안 됩니다. 사랑해서 그런 게 아니라, 자제를 못 해서, 충동적이라서 너무 빨리 달아오르는 성격이라 그런 것입니다. 이런 남자일수록 여자에게 금방 흥미를 잃고, 관계가 깊어지더라도 쉽게 외도를 저지르게 됩니다.

모든 스킨십이 다 부정적이진 않습니다. 여자 외모에 관심 없는 남자는 없듯, 여자에게 성적인 접근을 완벽히 절제하는 남자도 없습니다. 남자는 누구나 '그래도 될 것 같은' 상황에서는 적극적인 스킨십을 시도하는 경향이 있습니다. 여자와의 관계가 충분히 가까워졌다면 누구나 스킨십을 시도하게 됩니다. 스킨십의 행태가 중요한 것이지 스킨십 여부 자체가 중요한 것은 아닙니다. 아직 아무 관계 아닌데, 너무 성급하게, 공공장소에서 노골적으로 과도하게 스킨십을 하는 것이 문제입니다. 이런 형태의 스킨십은 나쁜 남편감을 증명하는 신호라고 판단해야 합니다.

9. 과도한 연락

사귀면, 사랑하면 당연히 연락을 자주 해야지. 이런 착각에 빠져 사는 여자들이 많습니다. 특히 한국 여자들에게 남자의 연락은 연애의 기본과도 같아서 "남자가 연락을 자주 한다 = 사랑한다", "자주 안 한다 = 사랑 안 한다" 공식에 매달리는 경우가 많습니다. 안타까운 사실은 정상적인 남자일수록, 좋은 남편감일수록 여자에게 연락하는 걸 싫어하거나 자제한다는 점입니다. 남자의 원래 본성이 그렇습니다. 용건이 있으면 연락하고 용건이 없으면 연락하지 않습니다. 좋은 남편감일수록 이런 본성이 강해집니다. 모든 연락은 최소한의 시간과 노력으로, 최대한 효율적으로 합니다. 심지어 용건이 있어도 통화를 자제합니다. 문자 메시지가 있으니까 굳이 통화할 필요가 없다고 생각합니다.

남자의 과도한 연락도 몰상식한 충동성의 신호입니다. 이걸 모르는 게 문제입니다. 남자를 모르기 때문이기도 하지만 여자 본인이 몰상식한 충동성에 길들여져 있기 때문일 수도 있습니다. 어떤 경우이든 정상적인 남자는 용건이 있을 때만 연락하려고 합니다. 정말로 보고 싶어서 통화를 하더라도 중요한 용건만 간단히 말하고 끊는 것이 정상적인 남자입니다.

남자가 여자에게 너무 자주 연락을 하거나, 매번 시간 맞춰 정기적으로 한다면 이건 정상이 아니라는 신호입니다. 설사 여자가 그렇게 하라고 시켰어도 따르지 않는 것이 정상입니다. 무슨 이유이든, 남자가 여자에게 연락을 과도하게 하거나, 시간 맞춰 정기적으로 하거나 용건만 간단히 하지 못하고 불필요한 통화를 오래 한다면 이는 남자에게 문제가 있다는 신호입니다. 충동성이 높거나 자제력이 약한 것이며, 쉽게 달아올랐다 쉽게 식는 유형이거나, 무엇보다도 관계에 집착하는 남자일 수 있습니다.

10. 여자의 과거사에 관심

여자의 과거사에 관심을 보이는 남자, 다른 남자관계에 민감한 반응을 보이는 남자가 나쁜 남편감이라는 사실은 굳이 설명할 필요 없습니다. 만난 지 얼마 되지 않은 여자의 과거사와 사생활을 캐묻고 다른 남자관계를 궁금해하는 남자들은 스스로 나쁜 남편감이라고 천명한 것과 다름없습니다. 이걸 "그럴 수 있다"라고 여기는 여자들이 있습니다. "나도 남자 과거사가 궁금하니까"라는 생각인지 모르겠습니다. 기본적인 상식의 문제입니다. 서로 잘 모르는 사이면 과거사를 묻지 않는 게 정상입니다. 그게 문명인의 예의이자 상식입니다. 서로 잘 모르니까 과거사부터 알아보자, 이런 생각은 신상털이 몰카 범죄 욕구와 크게 다르지 않습니다.

남자가 여자의 과거사를 궁금해하고 남자관계를 집요하게 물어본다면 이 남자는 정신이 병든 것입니다. 정상적인 남자는 처음 만난 여자의 과거사나 사생활에 관심이 없습니다. 남자는 현재를 사는 동물입니다. 지금 당장 눈앞의 대상에 집중하는 것이 남자의 본성입니다. 정신이 건강한 남자일수록, 좋은 남편감일수록 여자의 현재 모습에 집중합니다. 여자의 과거사나 남자관계 따위에 관심이 없습니다(관심이 있어도 중요하게 생각하지 않으며 문제 삼지도 않습니다). 왜냐하면 중요한 건 현재이기 때문입니다. 지금 눈앞의 대상이기 때문입니다.

여자의 과거사에 민감한 것은 나쁜 남편감의 또 다른 특성입니다. 나쁜 남편감은 여자의 주관과 선택의 자유를 허용치 않는 경향이 강합니다. 그래서 (아직 아무런 관계가 아닌데도) 여자의 남자관계에 병적인 집착을 보입니다. 남자든 여자든 결혼 전에는 누구나 더 나은 배우자감을 찾을 권리가 있습니다. 그래서 더 많은 상대를 만나 보는 것이 당연합니다. 하지만 나쁜 남편감은 이런 권리를 인정하지 않습니다. 자신은 그럴 권리가 있지만, 여자에게는 그런 권리가 없다고 생각합니다.

11. 예전 여자관계를 들먹임

 남자가 처음 본 여자 앞에서 (아직 아무 관계도 아닌 여자 앞에서) 자신의 과거사를 언급하는 것도 문제입니다. 처음 만난 혹은 만난 지 얼마 안 된 여자 앞에서, 묻지도 않고 궁금해하지도 않았는데 예전 여자 이야기를 꺼내는 남자는 기본적인 상식이 없는 사람입니다. 아무리 좋은 의도였다 해도 (예를 들면, 당신이 예전 여자 친구와 닮은 데가 있다는 둥) 쉽게 이해하기 어려운 몰상식입니다. 정상적인 남자는 만난 지 얼마 되지 않은 여자 앞에서 다른 여자 이야기를 꺼내지도 않고, 비교하지도 않습니다.

 남자가 여자 앞에서 다른 여자 이야기를 꺼내는 이유는 1) 그 다른 여자를 못 잊었었거나, 2) 사리 분별 능력이 떨어지거나, 3) 가정 교육을 잘못 받았기 때문입니다. 남자가 뜬금없이 맥락에서 벗어나 다른 여자 이야기를 꺼내면, 여자는 남자가 지금 머릿속으로 그 여자를 생각하고 있다고 봐야 합니다. 아니면 원래 그렇게 무례한 인간이라 앞으로도 몰상식한 행동을 반복할 수 있다고 생각해야 합니다. 하지만 대화를 나누는 데 필요해서 다른 여자를 언급했다거나, 아니면 공적으로 알려진 여자의 이야기를 꺼낸 것이면 상관없습니다. 자신의 사적인 이야기를 맥락 없이 꺼내는 것이 문제입니다. 남의 사적인 이야기에 관심을 갖고 코를 들이미는 것도 문제이지만, 자신의 사적인 이야기를 남에게 들이미는 것도 문제입니다.

12. 섹스를 자기 하고 싶은 대로 함

성관계 때 보이는 행동 역시 남자의 인성을 파악하는 좋은 방법 중 하나입니다. 여자의 피임이나 성병 예방보다 자신의 욕구 충족을 우선시한다면, 다시는 상종하지 말아야 할 최악의 남편감인 겁니다. 성관계 시 욕구만 채우면 된다는 생각에 우격다짐으로 무신경하게 들이대는 남자는 기본적인 인성이나 교양 수준에 문제가 있을 가능성이 높으며, 무엇보다 충동성이 강하다는 증거일 수 있습니다.

중요한 건 섹스에 저돌적인 것과 서툰 것을 구분해야 한다는 점입니다. 사실을 말하자면, 섹스에 서툰 남자일수록 좋은 남편감일 가능성이 있습니다. 잘 몰라서 상대에게 불편을 끼치는 것과 상대를 무시하고 자기 욕구만 채우는 것은 완전히 다른 문제입니다. 아무리 섹스에 서툴러도 여자 눈치를 보며 행동을 교정하면 안전한 남자입니다. 그리고 여자가 원치 않으면 굳이 섹스를 하지 않아도 상관없는, 즉 섹스에 큰 미련 없는 남자일수록 좋은 남편감일 가능성이 높습니다.

가장 주의 깊게 봐야 할 건 성관계 시 콘돔 착용 여부입니다. 남자는 대부분 피임에 대한 지식이 없습니다. 인간 역시 다른 동물처럼 임신에 대한 생물학적 책임을 여성이 지며, 남자는 자궁이 없다 보니 임신에 대한 책임 의식도 개념도 없습니다. 즉, 여자 경험이 많지 않은 남자들은 아무리 좋은 남편감이라도 콘돔 착용하는 걸 잘 모르거나 쉽게 잊습니다. 문제가 되는 건 여자가 콘돔 착용을 요구해도 착용하지 않는 경우입니다. 정상적인 남자는 여자가 콘돔 착용을 요구하면 두말 않고 콘돔을 착용하며, 콘돔이 없을 경우 섹스를 하지 않는 것이 당연하다고 생각합니다. 하지만 나쁜 남편감들은 여자가 콘돔 착용을 요구해도 그냥 하자고 우기거나, 섹스 중에 콘돔을 몰래 빼기도 합니다.

13. 헤어지자는 말을 쉽게 함

평소에 헤어지자는 말을 쉽게 꺼내거나 두 번 이상 하는 남자는 그냥 나쁜 남편감이 아닌 최악의 남편감, 혹은 정신적 문제가 있는 사람입니다. 좋은 남편감의 가장 중요한 특징은 한번 맺은 관계를 끝까지 책임진다는 점입니다. 한번 사귀기로 했으면 좀처럼 헤어지자는 말을 하지 않으며, 결혼을 했으면 절대 이혼하자는 말을 (먼저) 하지 않습니다. 좋은 남편감이 헤어지자는 말이나 이혼하자는 말을 꺼냈다면 이는 정말로 서로를 위해 헤어져야 하는 상황을 의미합니다. 하지만 그런 상황이 아닌데 그냥 충동적으로, 감정적으로 헤어지자는 남자들이 있습니다. 이 남자들은 결혼해서도 똑같이 툭하면 이혼하자는 말을 내뱉을 것이며, 아주 쉽게 결혼의 책임을 저버릴 것입니다. 즉, 평생 누구와도 결혼해서 안 되는 결혼 결격 사유자입니다.

"헤어지자" 딱 잘라 말을 하지 않더라도, 관계를 그만두고 싶다거나, 관계가 마음에 들지 않는다거나, 이 관계가 오래가지 않을 것 같다거나 관계에 관해 내뱉는 기타 쓸데없는 불평불만과 재수 없는 소리 역시 헤어지자는 말과 다름없습니다. 관계에 대해 쓸데없는 코멘트를 자제하는 게 남자입니다. 꼭 필요할 때 필요한 말만 하는 게 남자입니다. 관계를 끝낼 때 끝내더라도 마지막까지 말없이 참는 게 남자입니다. 그게 정상이며, 그래야 결혼해서 가정을 책임질 수 있습니다.

가장 최악의 경우는 헤어지자고 해 놓고, 혹은 스스로 관계를 포기해 놓고, 그러고는 다시 사귀자고 접근하는 경우입니다. 자기가 관계를 깨 놓고 다시 자기가 관계를 재개하는 남자야말로 가장 악질적 충동성을 지닌 사람입니다. 정신적·정서적으로 불안정한 경우이며, 절대로 결혼하지 말아야 할 결혼 결격 사유입니다. 이는 구제불능의 충동성을 의미하며, 어떤 누구와 관계를 맺어도 매번 똑같이 무책임한 행동을 반복하며 여자의 삶을 고통으로 몰아넣게 됩니다.

지금까지 나쁜 남편감의 구애 방식에 대해 살펴보았습니다. 이해 증진 차원에서 이와 반대되는 좋은 남편감의 구애 방식을 정리합니다. 좋은 남편감이면 다음 구애법에 대부분 해당된다고 보면 됩니다. 물론, 이 구애법에 다 해당된다고 무조건 좋은 남편감이라고 판단할 수는 없습니다. 하지만 최소한 정상적인 남자,

안전한 남자, 심신이 건강한 남자라는 해석은 가능합니다. 즉, "좋은 남편감일 확률이 높으니 앞으로 사귀면서 판단해야 한다" 정도로 해석할 수 있습니다.

- 관계에 신중하며, 처음부터 (너무) 잘해 주지 않음.
- 약속이나 미사여구 남발하지 않음.
- 지나친 애정 표현은 삼가며, 외모에 대한 코멘트를 자제하는 편.
- 결혼에 신중하며, 여자의 입장과 의사를 전적으로 우선시함.
- 여자에게 특별히 바라는 것도, 기대하는 것도 없으며, 정서적으로 의존하지도 않음.
- 공공장소에서는 스킨십 자제.
- 과도한 연락은 삼가며, 용건만 간단히 하려는 경향이 강함.
- 여자의 주관이나 주장에 너그러움. (주관 강한 여자를 더 선호하는 경향 있음.)
- 여자의 과거사나 사생활에 관심이 없으며, 여자의 다른 남자 관계에도 개의치 않거나 개의치 않는 척함.
- 예전 여자 이야기는 꺼내지 않으며, 꺼내더라도 필요한 말만 함.
- 섹스가 다분히 수동적이며, 섹스에 미련이나 집착이 없음.
- 관계에 집착하지 않으며 여자가 (조금이라도) 거부 반응을 보이면 즉각 관심을 거둠.
- 헤어질 때 조용히, 신사적으로 헤어짐.

- 헤어지자는 말을 절대로 쉽게 꺼내지 않음. 한번 헤어지자고 하면 정말로 헤어지는 것이며, 관계는 복원되지 않음.

2. 충동성

남자의 충동성은 결혼의 자연재해, 천재지변 같습니다. 언제, 어디서 돌발 행동을 할지 모르는 것입니다. 남자의 다음 행동을 예측할 수 없는 것입니다. 이것이 관계에, 결혼에, 가정에 파괴적인 결과를 가져옵니다. 남자 구분법의 가장 단순한 공식입니다. 남자가 충동적일수록 결혼은 빨리 망하고 여자의 인생은 쉽게 부서집니다. 남자가 충동적이지 않을수록 결혼은 오래 유지되고 여자의 인생은 안전해집니다.

지금껏 살펴본 남자의 구애 방식이 남자의 충동성에 관한 이야기였습니다. 이 부분까지만 확인해도 충동적인 남자는 대부분 걸러진다고 보면 됩니다. 하지만 구애 방식에서 충동성을 보이지 않았더라도 다른 부분에서 충동성이 불거질 수 있습니다. 연애 중에는 드러나지 않으나 일상생활 중에 드러나는 충동성을 주의해야 합니다. 좋은 남편감은 말을 하지 않고 행동한다고 했으나, 공교롭게도 말을 하지 않고 행동부터 하는 건 충동성의 또 다른 모습이기도 합니다. 주둥이보다 몸뚱이를 먼저 움직이는 건 좋은데, 이게 기계적 성실함도 아니고, 루틴의 삶도 아닌, 충동적인 버릇 때문에 그런 것인지 확인해야 합니다.

예를 들면, 매번 크게 잘못한 뒤 싹싹 비는 경우, 갑자기 싫증을 내는 경우, 쉽게 그만두는 경우, 무조건 특정인 편을 드는 경우, 남 따라 하는 경향이 강한 경우, 종교·미신·소문을 맹목적으로 믿는 경우, 이런 것들이 충동성에 의한 행동입니다. 아무리 부지런하고 성실해도, 그럼에도 불구하고 여전히 충동적인 것입니다. 루틴을 따르는 삶이 충동성을 막는다고 했습니다. 루틴의 삶만큼 충동성을 억제하는 것이 주관과 상식입니다. 주관과 상식이 약할수록 남자는 쉽게 흔들립니다. 몰상식한 주장에 쉽게 넘어가 자신의 루틴을 깨 버립니다. 잘못된 선택을 하고 인생이 어려워집니다.

그래서 남자는 주관이 강하고 상식적이어야 합니다. 무엇이 중요한지 알고 중요한 것에 집중해야 합니다. 이게 남자의 충동성을 억제합니다. 중요한 것에는 몸이 먼저 움직이지만, 중요하지 않은 것에는 움직이지 않는 겁니다. 행동을 하기 전에 두 번, 세 번 다시 생각하는 겁니다. 그래서 같은 실수를 반복하지 않는 겁니다. 애당초 신중하게 선택하고 한번 선택하면 끝까지 하는 겁니다. 가벼운 것 하나를 선택하더라도 다른 사람 말에 휘둘리거나 끌려다니지 않는 겁니다.

사람이 진중하다, 심각하다, 선택장애다, 이런 것과 다른 얘기입니다. 남자가 너무 진지하거나 신중하다고 좋은 남편감이라는 보장은 어디에도 없습니다. 그런 건 남편감을 판단하는 기준이 될 수 없습니다. 중요한 건 휘둘리지 않는 겁니다. 스스로의 판단으로 선택하고 움직이는 겁니다. 스스로의 판단에 논리가 있고, 신념이 있고, 철학이 있는 겁니다. 이런 남자가 충동적이지 않은 남자입니다. 이런 남자가 선택에 어려움을 겪는다면 그건 우유부단한 성격이나 선택장애 때문이 아니라 해당 사안을 잘 모르기 때문입니다. 남의 말을 듣고 홀랑 넘어가는 게 아니라 스스로 알아보고 논리를 세우기 위해 시간이 걸리는 겁니다. 주변의 꼬드김에 의해서도 아니고, 일시적인 감정 때문도 아닌, 이성적인 판단에 근거해 결정을 내리는 겁니다. 이 부분이 중요합니다. 루틴에 따르는 삶도 중요하지만 자기 중심을 잡는 것도 중요합니다. 이렇게 묵직한 주관과 상식이 남편감으로서 남자의 가치를 더 오래 빛낼 수 있습니다.

3. 정신 건강

정신 건강의 중요성은 아무리 강조해도 지나치지 않습니다. 공부도, 사업도, 직장 생활도, 업무 수행 능력도, 인간관계도, 모든 성패는 멘탈에 달려 있습니다. 멘탈의 중요성은 해외에 진출한 스포츠 스타들에게서 가장 두드러지게 나타납니다. 차범근, 박지성, 박찬호, 추신수, 김연경 등 해외에서 성공한 스포츠 스타들의 공통점은 '타고난 실력'이 아니라 '강철 멘탈'이었습니다. 모든 건 정신 건강에 의해 판가름이 났습니다. 더 우수한 실력의 다른 스포츠인들이 성공하지 못한 것도, 누구보다 더 큰 기대를 모았던 이들이 중도에 포기했던 원인도 부족한 멘탈 때문이었습니다.

낯선 환경일수록, 변수가 많을수록, 정신적 압박이 극심할수록, 정신 건강에 의해 더 많은 것이 좌우됩니다. 많은 사람들이 이해하지 못하는 건 이런 대표적인 환경이 결혼이라는 사실입니다. 아무도 결혼이 해외 진출보다 어려울 것이라고 상상하지 못합니다. 남자 구분법 처음부터 강조했습니다. 결혼은 예상할 수 없는 변수의 연속이며, 쉼 없는 문제 해결의 반복이라고. 피 한 방울 섞이지 않은 사람과 함께 살아야 한다는 전제 조건은 그 어떤 '해외 진출'보다 더 심각한 문제와 스트레스를 발생시킵니다. 그중에 가장 심각한 문제는 이걸 평생 해야 한다는 점입니다. 그렇습니다. 해외 진출은 처음 몇 년만 고생하면 되지만, 결혼은 처음 몇 년만 장밋빛이고 나머지 50년이 고난의 가시밭길인 경우가 많습니다.

남자의 정신 건강은 배우자의 그 어떤 조건보다 중요함에도 그 어떤 조건보다 더 자주 경시되곤 합니다. 극단적으로 말하면, 정신이 건강한 남자이기만 해도 결혼은 절반 이상 성공입니다. 앞서 살펴본 좋은 남편감의 조건 1) 기계적 성실함과 2) 루틴에 따르는 삶은 남자의 정신 건강을 나타내는 대표적인 표식입니다. 우선은 정신이 건강해야 기계적으로 성실할 수 있으며 루틴의 삶을 오래 지속할 수 있습니다. 남편감을 골라야 한다면, 다른 조건들은 접어 두고 남자의 정신 건강을 먼저 확인해야 합니다. 하지만 정신 건강의 기준은 애매합니다. 일상에서 쉽게 판단하기 어렵습니다. 그래서 우리는 역으로 갑니다. 관계 초반에 발견할 수 있는 정신이 병든 남자들의 특징을 이해하고 이런 특징을 보이는 남자들을 걸러 내는 겁니다.

1. 자기 관리 안 됨

싫은 일은 좀처럼 안 하려는 경우, 매번 일을 미루는 경우, 맡은 일을 대충대충 하는 경우, 일을 쉽게 포기하는 경우 등이 가장 쉽고 빠르게 확인할 수 있는 정신 건강의 문제입니다. 자기 관리가 안 되는 게 곧 정신 건강의 문제입니다. 무절제한 식습관, 무절제한 소비 행태, 비만 등이 정신 건강의 문제로 나타나는 행태입니다. 정리 정돈을 전혀 하지 않는 경우, 집안일을 항상 미루고 팽개치는 경우, 정상적인·건전한 생활이 유지되지 않는 경우 모두 정신 건강에 문제가 있다는 표식입니다. 그냥 좀 게으르거나 나중으로 미루는 버릇이 있는 그런 수준이 아니라, 일상에 지장이 생길 정도로 관리를 안 하는 경우를 말합니다. 너무 집이 엉망이라 생활에 불편을 겪는데도 그래도 여전히 치울 생각을 하지 않는 걸 말합니다. 게으름의 문제가 아니라 정신 건강의 문제입니다. 정신이 건강하지 못하기 때문에 건강하지 못한 삶을 삽니다. 해로운 음식을 먹고, 폭식을 하고, 어질러진 걸 치우지 않고, 더러운 걸 깨끗이 하지 않고, 사람들에게 불쾌감을 주는 옷차림이나 생활 방식을 고치지 못합니다. 건강한 삶을 위한 루틴이 아닌, 건강한 삶을 포기한, 자멸의 루틴에 빠져 헤어나지 못하는 것입니다.

2. 힘들다고 징징댐

정상적인 남자는 아무리 죽을 것처럼 힘들어도 호감을 느끼는 여자 앞에서는 내색하지 않습니다. 왜냐하면 약자로 인식될까 두렵기 때문입니다. 약자로 인식되는 순간 번식 대상에서 탈락하기 때문입니다. 즉, 여자 앞에서 "힘들다, 괴롭다, 그만두고 싶다, 우울하다, 죽고 싶다" 징징대는 남자들은 스스로 번식의 자격이 없는 개체라는 사실을 자가 증명 하는 것입니다. 힘들다는 말을 대수롭지 않게 여기는 것이 문제입니다. 사귀는 혹은 사귈 생각이 있는 남자가 이런 말을 쉽게, 그리고 자주 하는 건 중대한 결격 사유입니다. 이런 말을 하는 남자는 정신이 병들었으며, 안정적인 결혼 생활이 불가능하리란 사실을 인지해야 합니다. 이러한 남자는 단순히 나약하거나 무능력한 것을 넘어, 어떤 식으로도 여자에게 피해를 끼칠 가능성이 높습니다.

3. 사소한 것에 집착함

남자가 대범하지 못할수록 여자는 남자의 정신 건강을 의심해야 합니다. 남자가 사소한 것에 집착하고 꼬치꼬치 따지는 행동을 반복한다면 이 남자는 정신이 병든 것입니다. 남자는 '대세에 지장이 없으면' 무시하거나 잊어야 정상입니다. 별것 아니라고 판단되면 덮어 두고 다시 언급하지 않는 것이 정상입니다. 이게 불가능한 남자, 별것 아닌 것, 사소한 것을 덮어 두지 못하고 계속 신경 쓰고 언급하고 집착하는 남자는 정신에 병이 있는 것입니다.

참고로, 남자가 삐치거나 쉽게 짜증 내는 건 문제가 되지 않습니다. 정상적인 남자들도 잘 삐치고 짜증 냅니다. 이는 성격·성향의 문제이지 정신 건강의 문제는 아닙니다. 성격이 급하거나, 조바심이나 화를 잘 내는 경우 역시 정신 건강과 상관없는 성격·성향의 문제입니다.

4. 사과나 해명을 요구함

사소한 것에 집착하고 꼬치꼬치 따지는 사람이 하게 되는 궁극의 병적 행동입니다. 사과(해명) 요구. 여자가 해도 문제가 있는 행동입니다. 이걸 남자가 한다면, 남자가 아닌 겁니다. 결혼 자격이 없는 수준이 아니라, 남자의 자격이 없는 것입니다. 이런 남자와 사귈 경우 여자는 심대한 정신적 피해를 입고, (잘 모르고) 결혼할 경우 막대한 물리적 피해를 입게 됩니다. 인생에 재앙을 겪게 됩니다.

남자는 문제를 해결하기 위해 태어났습니다. 사과받고 알량한 감정에 위로받기 위해 태어나지 않았습니다. 잘못된 것이 있으면 사과를 요구할 것이 아니라, 문제 해결 혹은 개선, 시정을 요구하는 것이 정상입니다. 심신이 건강한 남자일수록 '뭣이 중헌지' 아는 법이라고 했습니다. 실제 인생에 도움 되는 것에만 집중한다고 했습니다. 그렇지 않은 것에는 집착하지 않는 겁니다. 내버려 두고 잊는 겁니다. 남자가 사과를 요구하는 행동은 절대 당연하게 받아들여선 안 됩니다. 이건 명백히 남자의 정신에 심각한 문제가 있거나, 사고방식이 뿌리째 잘못돼 있다는 증거입니다. 여자에게 사과와 해명을 요구하는 남자는 아무리 조건이 좋아도, 아무리 좋은 남편감처럼 보여도, 관계를 멀리해야 합니다.

5. 여자의 눈치를 심하게 봄

남자의 정신이 병들었거나 자존감이 지나치게 낮은 경우 여자 눈치를 심하게 봅니다. 자존심이 강해서 자존심에 상처를 받는 것이 아니라 자존심이 너무 낮기 때문에 방어 기제가 발동하는 것입니다. 이런 남자는 여자와의 관계에서 받은 스트레스를 '생존에 대한 위협'으로 여깁니다. 정신이 병든 사람일수록 타인의 말과 행동에 심대한 영향을 받으며, 이에 과도한 불안감을 느끼게 됩니다. 그래서 언젠가 "이러다 목숨이 위험하겠다"라는 기분을 느끼게 됩니다. 그리고 폭발합니다. 복수의 대상을 찾게 됩니다. 물리적인 복수가 아닌, 주로 비이성적 언행, 돌발 행동으로 나타나게 됩니다. 정신이 병든 남자와 사귀는 여자들이 흔히 보는 남자의 모습입니다.

남자가 여자의 눈치를 심하게 볼수록, 여자에게 지나치게 의존할수록, 여자의 말에 과도한 스트레스를 받을수록 위험해지는 건 여자입니다. 남녀는 서로에게 의존적인 동시에 독립적이기도 해야 건강한 관계가 유지됩니다. 어느 한쪽의 정신이 온전하지 못해서 상대방 기분에 얽매이고 눈치를 보면 관계는 곪습니다. 상대방 눈치를 적당히 보는 게 아니라 스스로의 자존심을 짓밟아 가면서까지 눈치를 보는 겁니다. 이런 남자는 정상이 아닌 것입니다. 정신에 병이 있는 것입니다.

정상적인 남자는 여자의 눈치를 너무 보는 경우, 여자와의 관계에서 받는 정신적 스트레스가 심한 경우, 그래서 일상에 지장이 생길 경우, 더 이상 눈치 보지 않고 관계를 끊거나 멀리합니다. 남자는 여자관계에서 눈치 보는 걸 싫어합니다. 그런 관계 굳이 유지하려고 하지 않습니다. 그게 정상적인, 건강한 남자입니다.

4. 경제력

일반적으로 남자의 정신 건강보다 우선시되는 것이 남자의 경제력입니다. 정신 건강은 눈에 보이지 않지만 경제력은 눈에 보이기 때문입니다. 경제력은 실제 중요한 문제입니다. 현실적으로 경제력이 정신 건강보다 더 와닿는 문제라는 사실을 부인할 수 없습니다. 여자들이 어리석어서, 허영심이 강해서, 물질만능주의라서 그런 것이 아니라 남자의 경제력이 결혼에 실제 중요한 영향을 주기 때문입니다. 법과 질서가 세워지기 전에는 남자의 완력이 여자의 복지와 생존을 책임지는 수단이었으나 이제는 남자의 경제력이 그 역할을 대신합니다. 쌀 한 가마니를 한 손으로 드는 근육남 열 명보다 통장에 찍힌 돈 10억 원이 여자의 생존과 복지에 더 큰 도움이 됩니다. 현실이 그렇습니다. 근육도, 외모도, 성격도, 돈보다 더 직접적인 도움이 되는 경우는 없습니다. 돈이 인생의 고통과 불행의 많은 부분을 해결해 줍니다. 경제적으로 어려울수록 부부간 갈등은 급증하고 조그만 다툼에도 관계가 쉽게 파탄 납니다. 반대로 경제적으로 풍족할수록 부부간 갈등은 줄어들고 웬만한 다툼은 쉽게 봉합됩니다.

그래서 결혼하는 여자는 본능적으로 남자의 경제력을 먼저 보는 것인데, 문제는 남자가 돈이 많다고 무조건 여자의 생존과 복지가 보장되는 건 아니란 사실입니다. 남자의 돈은 결혼해도 여전히 남자의 돈이며, 결혼해서 아이를 낳아도 그 돈이 여자의 것이 되는 법은 없습니다. 이혼을 해도 마찬가지입니다. 이혼으로 남편의 재산을 떼 가는 경우는 극히 일부 사례에 불과합니다. 어떤 의사의 명언이 떠오릅니다. "당신이 병원에 가는 이유는 건강하기 위함이고, 결혼을 하는 이유는 행복하기 위함이다." 결혼을 하는 이유는 강남이나 베벌리힐스에 살기 위함이 아니라 마음의 평화를 얻고 안정된 삶을 누리기 위함입니다. 강남이나 베벌리힐스에 사는 것이 목표인 결혼은 (당연하게도) 실패할 확률이 높으며, (성공하더라도) 많은 것을 감수해야 합니다. 결혼은 명분이 아니라 현실입니다. 우리는 결혼을 과시의 수단이 아닌 현실적 이익의 수단으로 이해합니다. 그래서 우리는 남자의 경제력을 볼 때 그 돈이 평생 유지될 것인지, 그리고 그 돈이 정말 여자를 위해 쓰일 것인지 확인합니다.

1. 노력해서 지속적으로 버는 수입이 있는지

남자의 경제력이라면 연봉이 가장 먼저 떠오릅니다. 그러나 연봉은 회사를 그만두면 사라집니다. 정리 해고가 일상화된 현실에서는 당장의 고액 연봉이 정리 해고 1순위의 원인이 되기도 합니다. 굳이 경제력의 중요도를 따지자면 연봉보다 부모의 재산에 더 무게가 실립니다. 연봉은 있다가도 없는 신기루 같은 것이지만 부모의 재산은 산이나 바위처럼 존재감이 확고합니다. 하지만 부잣집 아들은 내 마음대로 남편 삼기가 쉽지 않을 뿐 아니라 부모와 사이가 틀어지면 그 재산은 없는 것이나 마찬가지입니다. 게다가 남자의 경제관념이 시원치 않으면 그 많던 재산을 한순간에 탕진하는 일도 생깁니다. 그래서, 무조건 부잣집 남자를 만나라는 비현실적인 조언이 아닌 현실적인 조언이 필요합니다.

아무리 지금 당장 연봉이 높아도, 아무리 부모 재산이 많아도, 이것이 평생 유지되어야 의미 있습니다. 연봉만 믿고, 부모 재산만 믿고, 더 쉬운 삶, 더 화려한 삶을 좇는 남자는 끊임없이 '일확천금'의 유혹에 시달립니다. 남들과 비교하는 습관, 더 돋보이고 싶은 욕망 때문에 비현실적인 재산 증식에 관심을 갖게 됩니다. 투자 사기, 주식, 도박 등의 일탈 행동으로 이어지기도 합니다. 부모의 경제력에만 의존해 스스로 경제 활동을 해 본 적이 없는 남자일수록 그런 성향이 강하게 나타납니다. 회사를 그만두면 없어지는 연봉이나 노력 없이 물려받은 부모의 재산이나 마찬가지입니다. 관리되지 않으면 사라집니다. 우리는 경제력의 본질을 이해해야 합니다. 남편감 경제력의 본질은 남자의 성품입니다. 기계적 성실함, 꾸준함, 이게 남자의 실질적인 경제력입니다.

　내 노력이 아닌 걸 탐하는지 봐야 합니다. 남자 연봉이 얼마이든, 집안 재산이 얼마이든, 자기 노력이 아닌 걸 탐하는 남자의 경제력은 쉽게 무너집니다. 아무리 경제적으로 풍족해도, 금수저를 물고 태어났어도, 스스로 꾸준히 하는 게 있어야 합니다. 자신의 아버지가 건물주니까, 땅부자니까, 회장님이니까 아무것도 안 해도 된다고 생각한다면 그 사람은 지금껏 가난한 인생을 살아온 것이며 앞으로도 그럴 것이란 사실을 말해 줍니다. 복권 당첨자 사례가 좋은 예입니다. 어떤 당첨자는 수십억 원의 횡재에도 다니던 회사를 계속 다니며 변함없이 성실한 삶을 살지만, 어떤 당첨자는 매일 밤샘 파티를 벌이며 흥청망청 인생을 즐기다 1년도 안 되어 빈털터리가 됩니다. 둘의 차이는 명백합니다. 내 인생은 내 힘으로 살겠다는 의지, 습관, 삶의 패턴. 내 인생 내 힘으로 살아온 전자는 당첨 전에도 부족함 없이 잘 살았고, 그렇지 않았던 후자는 당첨 전이나 후나 똑같이 결핍된 인생을 살았습니다. 전자는 복권에 당첨이 되거나 말거나, 천재지변으로 돈을 잃거나 말거나 변함없이 잘 살 것이고, 후자는 앞으로 다시 복권에 수십 번을 더 당첨돼도 또다시 빈털터리 인생으로 돌아갈 것입니다.

　사람의 경제력은 그가 살아온 인생의 결과입니다. 부모가 건물주이든 회장님이든 상관없이, 무슨 환경에 처했든 상관없이,

언제나 항상 고통을 감수하고 변수에 대처하며 오랜 세월 변함없이 성실하게 살았다는 증거입니다. 남자의 경제력은 그런 의미로 해석되어야 합니다. 인생을 운에 맡겨선 안 됩니다. 지금 당장 돈이 있는지 없는지 그런 수치만으로 결혼의 행복이 보장되지 않습니다. 우리는 '돈 많은 남자'와 결혼했다가 결혼 직후 남편이 감옥에 가고 집안이 몰락한 연예인들의 사례를 통해 교훈을 얻습니다. 사람을 보지 않고 돈만 보는 경우 남자의 경제력은 치명적 함정이 될 수 있습니다. 남자의 경제력은 남자의 살아온 방식과 성품을 보증하는 결과물이어야 합니다. 그래야 남자의 경제력으로 결혼의 행복을 누릴 수 있습니다.

2. 부양 본능이 있는지

남자의 경제력을 보는 이유는 남자가 결혼하면 자신의 경제력을 처자식을 위해 쓸 것이라는 전제 때문입니다. 왜냐하면 결혼하면 부양 본능을 갖기 때문입니다. 그게 자연의 섭리이기 때문입니다. 하지만 세상에는 다양한 종류의 인간들이 있고 이 섭리가 적용되지 않는 인간들도 많습니다. 아무리 돈이 많아도 돈을 처자식을 위해 쓰지 않는 겁니다. 자신이 얼마를 버는지, 돈이 얼마나 있는지 알려 주지도 않고, 생활비를 주지도 않습니다. 꼭 필요할 때만 찔끔찔끔 주면서 쓰는 돈을 일일이 하나하나 감시합니다. 구두쇠라 그런 것도 아니고, 근검절약 정신 때문에 그런 것도 아닙니다. 부양 본능이 없어서 그런 겁니다.

앞서 이야기한 나쁜 남편감 유형이 부양 본능이 없는 남자들의 이야기였습니다. 가정보다 내가 더 중요한 남자. 부양 본능이 없거나 왜곡된 남자. 이런 남자들을 구분하는 법이었습니다. 내가 더 돋보이고 싶은 남자, 내 자존심이 처자식보다 더 중요한 남자, 대의명분과 세상 눈치가 더 중요한 남자, 어떻게 살아야 한다는 강박증이 있는 남자, 이런 남자는 부양 본능이 없거나, 있어도 없는 것이나 마찬가지라고 했습니다.

남자의 몸에 장애가 있어도 가정에 대한 책임감, 부양 본능만 있으면 무슨 짓을 해서도 처자식을 먹여 살립니다. 반대로, 남자가 사지 멀쩡한 재벌급 부자라 해도 부양 본능이 없으면 처자식을 굶깁니다. 다시 말하지만 남자 경제력의 본질은 통장에 적힌 돈의 액수가 아닙니다. 남자의 성품입니다. 기계적 성실함, 꾸준함, 그리고 부양 본능입니다. 경제적 수치의 차이는 각자의 가치관에 따라 판단할 문제이며 제삼자가 판단하거나 조언할 수 없는 문제입니다. 하지만 남편감의 성품, 행동 방식에는 명백한 가치 기준이 있으며 객관적 판단이 가능합니다. 돈은 누구든 벌 수 있지만, 정신이 병들거나 몰상식한 건 아무도 도울 수 없습니다. 돈은 있다가도 없고 없다가도 있지만, 정신이 병들거나 몰상식한 사람은 바뀌거나 나아지지 않습니다. 돈이 없으면 없는 대로 맞춰 살 수 있지만,

병들고 몰상식한 사람은 맞춰 줄 수도 없고 익숙해질 수도 없습니다. 우리는 남자의 경제력을 통장에 적힌 숫자로 판단하지 않습니다. 남자의 성품, 인생을 사는 방식으로 판단합니다.

그 외, 부모를 부양해야 하는 처지인지, 빚이 있는지 여부도 확인해 봐야 할 것 같지만 이는 각자의 재량에 따라 판단할 문제입니다. 제삼자가 이렇다 저렇다 조언할 문제도 아니고, 대신 판단할 문제도 아닙니다.

- 남자 연봉이 수억 원이 넘어도 부모를 부양해야 하는 처지이거나 빚이 많으면 결혼 내내 경제적 압박을 받을 수밖에 없음.
- 부모가 결혼한 아들 부부에게 경제적으로 의존할 경우 시댁 갈등이 불거질 가능성이 높음.
- 투자를 잘못했거나, 돈을 잘못 빌려줬거나, 방탕한 생활로 빚을 진 경우 앞으로 쉽게 경제적으로 몰락할 수 있음.

이런 사실들은 굳이 설명하지 않아도 쉽게 판단할 수 있는 문제입니다. 특히, 남을 쉽게 믿는다든가, 냉정함이 부족하다든가, 사리 분별력이 떨어져 빚을 진 경우는 극히 주의해야 합니다. 남자가 아무리 기계적으로 성실해도, 아무리 부양 본능이 투철해도, 저런 이유로 빚을 졌다면 결혼 중 같은 실수를 반복할 확률이 높습니다.

5. 사교성

나쁜 남편감 유형에서 가장 많이 발견되는 공통점은 지나치게 발달한 사교성입니다. 남편감의 지나친 사교성이 뜻하는 바는 하나입니다. 처자식보다 사회관계가 더 중요하다는 것. 즉, 이 남자는 가족의 행복보다 사회적 체면이 더 중요할 것이며, 자신의 사회적 위신을 위해 가정을 희생시킬 수 있을 것이란 사실을 의미합니다. 남자의 사교성은 결혼 전 반드시 확인해야 하는 남자의 성품입니다.

남자의 사교성 지수를 가장 잘 보여 주는 건 술자리입니다. 친구 많고 술 좋아하는 남자가 첫 번째 나쁜 남편감 유형인 까닭입니다. 술자리를 좋아하는 것 하나만으로 이미 극히 위험한 수준의 사교성을 가진 것인데 그렇다고 이게 최악은 아닙니다. 이보다 더 최악의 사교성을 보여 주는 행태가 있는데 술자리에 여자 친구를 데려오는 경우 입니다. 꼭 술자리가 아니어도 어떤 모임이든 여자 친구를 데려가려는 경우, 사람들에게 여자 친구를 소개하려는 경우, 여친 사진을 인터넷에 올려 자랑·과시하는 경우, 이는 남자의 사교성을 보여 주는 최악의 신호입니다. 말로는 여자의 '인맥'을 넓혀 주니까 누이 좋고 매부 좋은 거라고 합니다. 실제 목적은 그게 아니라 여자를 전리품 취급하는 겁니다. 여자를 이용해 자신의 사회적 체면을 높이고 싶은 겁니다. 여자가 정말 중요하면 정말 필요한 자리에만 데려 나갑니다. 필요 없는 사람들이 모인 쓸데없는 자리에 여자를 데려 나가지 않습니다. 여자보다 제 자신이 더 중요하기 때문에 그러는 겁니다. 자신의 사회적 관계, 평판, 위상이 너무 중요해서 여자의 권리는 안중에 없는 겁니다.

지갑에 여자 친구 사진을 들고 다니는 경우도 비슷해 보입니다. 중요한 건 남자가 적극적으로 나서서 여자를 과시하는 겁니다. 지갑 속에 여자 사진을 보여 달라고 할 때만 보여 주는 경우는 심각한 수준의 사교성이라고 보기 어렵습니다. 여자가 먼저 모임에 가고 싶어서 데려 가는 경우나 어쩌다 한두 번 참석한 경우 역시 문제 있는 사교성이라고 보기 어렵습니다. 문제가 되는 건 사교적 목적으로, 스스로, 적극적으로, 반복해서 여자를 이용하는 경우입니다. 이 경우 남자는 악질적인 사교성을 가진 것이며, 결혼 후 사회관계를 위해 처자식을 희생시킬 것이라고 예상해야 합니다.

그 외, 남들에게 어떻게 보일지 너무 신경 쓰는 남자, 세상 눈치를 보느라 (체면 차리느라) 손해 보고 사는 남자, 누굴 잘 안다고 인맥 과시하는 남자, 친구·회사·부모·친척 약속이 많은 남자, 친구나 지인들로부터 항상 전화가 걸려 오는 남자, 주말마다 모임에 나가는 남자, 취미·종교·정치 등의 모임에 정기적으로 나가는 남자, 이런 남자들 역시 사교성 지수가 과도

하게 높은 유형입니다. 이런 남자들은 결혼 후 모임에 나가는 걸 그만둘 수 있는지 확인해야 합니다. 교회를 예로 들어 봅시다. 결혼 뒤 아내가 남편 따라 주말마다 교회에 가야 된다면 이 남자는 사교성이 병적으로 높은 것입니다. 결혼하면 남편이 가정을 위해 주말 교회 예배를 빠져야 합니다. (아니면 자기와 똑같이 주말마다 교회 가는 여자와 결혼을 하든가.) 이게 정상입니다. 그래야 사회관계를 위해 처자식 희생시키지 않고 정상적인 가장 노릇을 할 수 있습니다.

남자의 친구들 역시 남편감을 판단하는 중요한 기준입니다. 남자 구분법의 중요한 법칙 중 하나는 좋은 남편감은 좋은 남편감끼리 모이고, 나쁜 남편감은 나쁜 남편감끼리 모인다는 것입니다. 좋은 남편감은 나쁜 남편감 무리에서 오래 견디기 어렵고, 나쁜 남편감은 좋은 남편감 무리에서 오래 견디기 어렵습니다. 어떤 우연한 계기로 서로 친구 관계를 맺을 수는 있지만 이 관계가 오래가는 일은 드뭅니다. 즉, 사교성으로 남자를 판단하기 어렵다면 남자와 어울려 다니는 친구들을 보면 됩니다. 당사자에게 충동성·사교성 등의 문제가 보이지 않더라도 친구들에게서 그런 문제가 두드러지면 이 남자에게도 문제가 있을 확률이 높습니다. 친구는 주어진 것이 아니라 스스로 선택한 것입니다. 남자의 친구들은 그 사람의 사리 분별력, 취향, 의지의 반영입니다. 그 사람의 사고방식,

교양 수준, 삶의 행태를 보여 주는 표본입니다. 남자가 충동적이고 사교성이 과도한 친구들과 어울리고 있다면 이 남자도 그런 유형인 것이고, 결혼 후 높은 확률로 그런 행태가 드러날 것이라고 봐야 합니다. 설사 그런 행태가 드러나지 않더라도, 남자와 어울려 다니는 이 친구들에 의해 결혼은 심각한 악영향을 받을 것이라 예상해야 합니다.

남자의 술버릇 역시 남편감을 판단하는 좋은 기준일 수 있습니다. 좋은 남편감일수록 술을 먹으면 얌전해집니다(자는 것이 가장 안전한 경우). 좋은 남편감일수록 술을 먹으면 폭력성이 줄어들고 너그러워지는 경향이 있습니다. 물론, 가장 중요한 점은 좋은 남편감은 애당초 술을 많이 먹지 않는다는 겁니다. 애당초 술자리 참석 횟수가 극히 제한돼 있으며 술을 먹고 취한 꼴을 보이는 일 자체가 드뭅니다. 즉, 술 먹고 얌전해진다고 다 좋은 남편감은 아닙니다. 술을 많이 먹는 것만으로도 이미 충분히 나쁜 남편감이며, 술을 적게 먹더라도 음주 시 폭력성을 보이거나, 공격성을 보이는 경우 역시 나쁜 남편감일 가능성이 높습니다. '다 좋은데 술만 마시면 이상해진다", "술이 문제다" 같은 변명은 결혼을 앞둔 여자 입장에서는 절대 받아들일 수 없는 변명입니다. 술 마시고 취했을 때의 모습이 그 남자의 본모습입니다. 술을 안 마시면 이것저것 복잡하게 재 봐야 할 것이 많지만 술을 마시면 단순해집니다. 술 먹고 조금이라도 '개 같은' 성격이 드러나는 경우 이 남자는 다른 것 더 볼 것 없이 결혼 결격 사유자입니다.

6. 군 생활

남자의 군 생활도 남자의 사회성을 판단하는 좋은 자료가 됩니다. 남자의 본모습은 술을 먹을 때도 드러나지만 군대 같은 강압적 스트레스 상황에서도 잘 드러납니다. 군대 훈련소와 일병·이병 시기는 극단적 상황에서 남자의 본모습을 보여주고, 상병 이후 시기는 남자가 가장이 되었을 때 가족에게 어떻게 할지 추정할 수 있는 정보가 됩니다.

군 생활을 같이한 친구들에게 물어봐도 좋겠지만, 남자 본인에게 직접 물어봐도 무방합니다. 남자들은 대부분 자신의 군 생활에 대해 솔직하게 말하는 편이며, 특히 상병 이후 시기는 심리적으로 부담될 일이 없기 때문에 대부분 정직한 대답이 나옵니다. 자신의 군 생활에 대해 얼마나 객관적으로 이야기할 수 있는지 여부 역시 남자의 성품을 판단하는 중요한 자료가 됩니다. 군대 이야기를 너무 자주 하는 경우, 군 시절을 그리워하고 자랑스러하는 경우, 미화하는 경우, 이 남자는 사교성이 과도한 경우일 수 있으며, 결혼 후 가정보다 사회적 관계를 중시할 가능성도 있습니다. 특히, 군대에서 폭력을 휘두른 경험까지 있을 경우 이 남자는 극단적·가부장적 성향을 가진 것이며 결혼 후 처자식에게 군림하며 가정 폭력을 휘두를 가능성도 있습니다. 폭력을 휘두르지 않았더라도, 혹은 군 생활에 애착이 없었더라도, 군 후임들에게 엄하게, 모질게, 혹은 부당하게 굴었던 적이 자주 있었다면, 이 남자는 결혼 후 아내에게도 그렇게 할 가능성이 높습니다. 반대로 군대에서 후임들에게 자상했거나 관대했을수록 결혼 후 좋은 남편감이 될 확률이 높습니다.

하지만, 사실을 말하자면, 후임에게 (혹은 선임에게) 잘못하지도 않고, 잘해 주지도 않은, 무심했던 남자가 결혼해서 좋은 남편이 될 확률이 더 높습니다. 현실이 그렇습니다. 남의 일에 참견하지 않고 자기 일에 신경 쓰는 남자가 더 좋은 남편감입니다. 친구·동료, 사회관계, 조직을 위해 몸 바치는 남자는 좋은 남편감이 되기 어렵습니다. 그런 것으로부터 초연한, 자기 실익을 위해 움직이는 남자가 결혼해서 더 좋은 남편이 됩니다.

비슷한 기준을 직장 생활에도 적용할 수 있습니다. 직장에서 부하 직원들에게 어떻게 하는지 역시 남자의 결혼 뒤 모습을 추정할 수 있는 정보입니다. 부하 직원에게 평이 좋은 남자일수록 안전한 남편감, 좋은 남편감입니다. 하지만 동료나 상사에게 평이 좋은 건 도움되지 않습니다. 동료·상사에게 평이 좋은 건 남자의 사교성·사회성이 잘 발달돼 있다는 사실을 말해 주지만 이것이 결혼 후 처자식에게 이로울 것이라고 볼 수는 없습니다. 오히려 직장 내 평판이 좋을수록, 사회적 평판이 드높을수록 이 남자는 결혼해서 가정에 소홀할 가능성이 더 높습니다. 사회적 평판을 위해 가정을 희생할 수 있는 겁니다. 사회 평판이 높을수록, 사회적 관계가 돈독할수록 그런 경향이 강해집니다. 남자의 사회성과 평판은 가정을 더 잘 부양하기 위한 도구가 되어야 합니다. 이게 본질이자 목표가 되면 문제가 발생합니다. 가정은 수단으로 전락하고 남자의 사회 평판을 위한 액세서리가 됩니다. 남자의 사회 평판이 좋으면 당연히 좋은 남편감일 것이라는 착각에서 벗어나야 합니다. 남자의 사회 평판과 가장의 능력은 관련이 없으며 오히려 자주 반비례합니다. 부모에게 잘하는 효자가 좋은 남편이 되지 못하는 것과 같은 이치입니다. 사회 평판이 좋은 남자는 사회성이 좋다는 것일 뿐 좋은 남편감이라는 근거가 될 수는 없습니다. 사회 평판이 좋아도 나쁜 남편감일 수 있으며, 사회 평판이 나빠도 좋은 남편감일 수 있습니다.

7. 부모에 대한 객관적 태도

자신의 부모에게도 객관적 태도를 보이는지는 남자의 주

관과 상식을 증명하는 중요한 정보라고 했습니다. 자기 부모에 대해 객관적이면 이 남자는 건전한 주관과 상식이 있는 것이고, 그렇지 못하면 주관과 상식이 없거나 병든 것입니다. 아무리 남자가 성실하고 돈 잘 벌고 상식적이라도 자신의 부모에 관해 객관적이지 못하면 결혼 생활에 끊임없이 문제가 발생하게 됩니다.

남자가 자기 부모의 잘못·단점을 감추려 하거나, 인정하지 않거나, 무조건 이해해 주길 바라거나, 언급조차 싫어한다면 이 남자는 자신의 부모에 대해 객관적이지 못한 것입니다. 이런 남자와 결혼하면 여자의 운명은 시부모에 의해 좌우됩니다. 아무리 남자가 "안심해라 그럴 일 없다"라고 해 봐야 결혼하면 결국 그렇게 됩니다. 남자는 사춘기를 지나면서 부모로부터 정신적 독립을 하게 되며, 취업을 하고 경제적 독립을 하면 부모를 객관적으로 보는 능력을 갖추게 됩니다. 단점만 보다가 장점도 보게 되며, 장점만 보다가 단점도 보게 되는 것입니다. 이게 정상적인 남자의 성장 과정입니다. 이 성장 과정이 제대로 이뤄지지 않은 남자들이 있습니다. 자기 부모로부터 정신적으로 독립하지도 못하고, 경제적 독립도 하지 못한 채, 자기 부모를 객관적으로 보지 못하는 남자들입니다.

남자는 여자의 편도 아니고, 아내의 편도 아니며, 가족의 편도 아닙니다. 남자는 자신이 믿는 주관과 상식의 편입니다.

이게 정상적인, 건강한 정신의 남자입니다. 평소 아무리 주관이 확고하고 상식적이어도 자기 부모 이야기만 나오면 병적으로 편파적인 남자가 있습니다. 이 남자는 정신이 병든 남자이며, 여자의 인생을 가시밭길로 몰아넣는 남편이 됩니다. 남자의 지능이나 교양 수준과 관련 없는 문제입니다. 남자가 평소 아무리 똑똑하고 객관적이고 현명해도 특정 대상에 대해선 비상식적일 수 있습니다. 정치, 문화, 사회 등의 주제에 대해선 비상식적일 수 있습니다. 말도 안 되는 주장을 할 수도 있습니다. 그런 개인적 견해는 결혼 생활에 지장을 주지 않습니다. 하지만 부모에 대한 비상식적인 태도는 결혼 생활에 심각한 지장을 줍니다. 남자의 부모 문제는 여자의 결혼에 직접 영향을 끼칩니다. 자신의 부모에게 객관적이지 못한 남자는 결혼 후 시댁 스트레스만 유발하는 것이 아니라 결혼 전반에 각종 몰상식과 비합리를 유발할 수 있습니다.

단, 아무리 부모 편만 드는 남자라도 그의 부모가 이성적이고 합리적이면 결혼해서 별 탈 없이 살 수 있습니다. 즉, 남자의 부모 편향성이 강할수록 여자는 그의 부모를 유심히 살펴야 합니다. 남자가 자기 부모에 대해 아무리 편파적인 태도를 보여도 정작 그의 부모가 상식적이라면 결혼 생활에 실질적인 문제를 겪지 않습니다. 그저 정치적 좌파냐 우파냐 정도의 견해 차이에 머물게 됩니다.

8. 성장 환경

사례 1

'원조 연예인 킬러'라는 별명이 있었던 대기업 회장 C씨. 극악의 결혼 생활로 유명. 그와 결혼했던 두 번째 부인이 낸 폭로성 자서전에 따르면 C회장은 결혼 생활 중에도 끊임없이 여자를 집에 불러들였으며, 심지어는 여배우를 집에 불렀으니 나가 있으라, 세 명이 함께 잠자리를 하자는 등 요구. C회장의 난잡한 성생활은 그의 집안 내력으로 거슬러 올라감. 아버지가 가정을 버리고 쉴 새 없이 외도를 하는 바람에 이복형제와 부인들 간 다툼이 끊이지 않았고 이 때문에 불안한 유년 시절을 보낸 것.

사례 2

불륜과 아내 폭행으로 선수 자격을 박탈당했던 권투 선수 B씨는 중학교 때 아버지가 사망하고 홀어머니 밑에서 자람. 여고생이었던 첫 번째 부인과 결혼해 네 명의 자식을 낳는 동안 인기 여가수와 사랑에 빠져 두 집 살림 시작, 두 집안 (배다른) 자녀들 나이가 서로 비슷함. 전처와 이혼하고 두 번째 부인과 재혼하나, 결혼 2년 만에 둘째 부인의 얼굴을 폭행해 전치 6주의 중상을 입히고 이혼. 이후 첫 번째 부인이 (도망가) 살던 미국으로 이민을 가 재결합했는데, 10년간의 미국 생활이 너무 힘들어 한국으로 재이민. 폭행했던 둘째 부인과 재결합.

사례 3

명문여대를 나와 대기업에 다니던 30대 여성 A 모 씨. 늦은 나이에 키 크고 잘생긴 남자를 만나 결혼. 남자는 결혼 후 사업을 하겠다고 아내의 적금을 날려 먹더니 연이어 무모한 사업 시도로 처가 재산까지 날려 먹음. 처가에 막대한 피해를 끼치고도 조금도 미안한 기색 없이 오히려 처가에 큰소리를 치며 아내와 처가를 막 대함. 사업 중 위법 행위로 고소당했는데 다른 위법 사업체는 모두 합의를 시도하는 중에 혼자만 잘못이 없다고 우기다 괘씸죄로 징역형을 받음. 남자의 몰상식한 행동 뒤에는 몰상식한 아버지가 있었음. 남자의 아버지는 동네에 소문난 난봉꾼으로 자식들이 어릴 때부터 두 집 살림을 시작했고, 자식들에게는 두 어머니를 모두 모시도록 강요함.

앞서 예로 들었던 저스틴 비버와 야구선수 K 모 씨 역시 부모의 문제로 불안한 어린 시절을 보낸 사례입니다. 불우한 어린 시절을 보낸 남자일수록 남편으로서 '하지 말아야 할 짓'들을 쉽게 저지르는 경향이 있습니다. "처음부터 너무 잘해주는 남자" 논리가 반복됩니다. 사랑해서 그런 게 아니라 결핍 때문에 그렇다고 했습니다. 결핍 때문에 처음부터 비정상적으로 잘해 주고 비정상적으로 관계를 망친다고 했습니다. 남자의 결핍에는 다양한 형태와 원인이 있는데, 그중 가장 심각한 결핍을 주는 것이 비정상적인 성장 환경입니다.

1. 육아에 무관심한 어머니

남자의 외도는 심리적 결핍으로 발생하는 대표적인 일탈 행위입니다. 가정을 부양하지 않는 아버지, 혹은 자식에게 무관심한 어머니 밑에서 자란 경우, 그래서 남자가 결핍된 환경에 장기간 노출된 경우, 남자는 병적인 바람기를 주체하지 못하게 됩니다. 어머니의 사랑과 관심을 받지 못한 결핍을 '다른 여자들'을 통해 해소하는 것입니다. 이 결핍은 결혼 후에도 지속되며, 아내와 가정을 파탄 지경으로 몰고 갑니다. 남자의 어머니가 자식에게 냉담했고, 육아에 관심을 보이지 않았다면, 이 남자는 병적인 바람기를 보유했을 가능성이 있습니다.

2. 일탈 행동을 일삼는 아버지

친가 혹은 외가의 유전자를 물려받아 나쁜 남편감이 되는 경우도 있습니다. 외도, 술버릇, 충동성, 폭력성, 범죄 성향 등은 유전적 영향을 받습니다. 남자가 결혼 전에는 아무 문제가 없었는데, 결혼 후 갑자기 최악의 남편으로 돌변하거나 범죄적 일탈 행위를 하게 되는 경우가 있습니다. 이는 유전적 형질이 (뒤늦게) 발현된 경우입니다. 인간의 행동 패턴을 결정하는 유전 형질은 (많은 경우) 30대까지 잠재돼 있다가 30대 중반 이후부터 발현됩니다. 그래서 결혼 전에는 전혀 보이지 않았던 이상 행동, 일탈 행동들이 30대 중반 이후 나타나기도 합니다. 즉, 결혼할 남자에 대해 알고 싶으면 친인척 중 과거에 특이 사항이 있는지 살펴볼 필요가 있습니다. 남자의 아버지가 술버릇이 고약했다면 이 남자도 30대 중반 이후 그런 기질이 나타날 가능성이 있으며, 외도를 심하게 했거나, 반사회적 행동을 반복한 경력이 있다면 이 남자 역시 30대 중반 이후 그런 기질이 나타날 수 있다는 생각을 해야 합니다.

3. 몰상식한 부모

남자의 부모가 몰상식하거나, 가부장적이거나, 무례하거나, 무능하거나, 허세·과시·거짓말이 심하거나, 교양 수준이 떨어지거나, 이런 주관적인 문제에 대해선 조언이 어렵습니다. 부모의 그런 성향이 남자에게 유전됐을 가능성도 있지만, 그렇지 않은 경우도 있으며, 부모의 어떤 성향이 자식에게 어떤 영향을 주는지는 전혀 알 수 없기 때문입니다. 중요한 건 결혼 후의 시댁 문제입니다. 이런 몰상식한 시댁과 결혼할 경우, 남자가 얼마나 막아 줄 수 있는지, 얼마나 객관적인 입장에서 가족에게 피해가 가지 않게 할 것인지 판단해야 합니다.

4. 불우한 가정 환경

부모의 학대, 이혼, 외도, 사망, 파산, 사고(범죄) 같은 가정사 역시 남자에게 어떤 영향을 주는지 정확히 밝혀진 바 없습니다. 흔히 이런 비정상적인 성장 환경은 자식에게 지워지지 않는 상처를 남기고 결혼에 장애가 될 것이라 생각하는데, 항상 그렇지는 않습니다. 불우한 환경에서 자란 남자가 필연적으로 심리적 결핍을 갖게 된다는 생각도 근거가 없습니다. 부모에게 버림을 받은 경우에도, 정상적인 육아 과정을 거치지 않은 경우에도, 조부모나 다른 친척, 혹은 사회적 관계로부터 충분한 케어를 받았을 수도 있으며, 타고난 정신 건강에 의해 별다른 심리적 결핍을 경험하지 않을 수도 있습니다.

아무리 비정상적인 행태의 부모 밑에서 자랐어도 이것이 남자에게 100% 영향을 준다고 볼 수는 없습니다. 아무리 최악의 가정 환경에서 자랐더라도 결혼해서 평생 아내와 가정에 극진한 좋은 남편감이 되는 경우도 있습니다. 중요한 건 남자의 현재 행동 패턴입니다. 남편감을 판단할 때 가장 중요한 것은 현재의 행동 패턴이며, 가정 환경은 그 이후에 판단할 사항입니다. 남자의 현재 행동 패턴에 문제가 있으면 부모에게서 원인을 찾을 수 있습니다. 같은 행태가 부모에게서 발견디면 이 문제는 평생 지속되거나 결혼 후 더 강화될 것이라고 판단할 수 있습니다. 남자의 행동 패턴에 큰 문제가 없다면, 앞서 언급한 "육아에 무관심한 어머니", 그리고 "일탈 행동을 일삼는 아버지(혹은 외삼촌)"의 경우에 해당되는지만 확인하면 됩니다. (다시 말하지만, 남자의 심리적 결핍을 가장 크게 만드는 것은 어머니가 있는데도 어머니의 존재·역할을 경험하지 못한 경우입니다. 어머니가 아예 없으면 다른 대상으로부터 결핍을 해소할 수 있지만, 어머니가 있는데도 심리적 보살핌을 받지 못하면 결핍이 병적으로 누적됩니다.)

사실, 남자의 부모와 가정 환경보다 남자의 친구들이 남편감을 판단하는 데 더 정확한 정보를 제공합니다. 남자의 부모와 가정 환경은 스스로 선택한 것이 아닌 주어진 것입니다. 게다가 어린 시절의 경험은 현재의 모습에 (생각만큼) 큰 영향을 주지 않습니다. 반면 남자의 친구들은 본인이 스스로 선택한 것입니다. 과거의 일이 아니라 현재의 일입니다. 주어진 것이 아니라 본인 판단과 의지와 취향에 의한 선택입니다. 남자의 친구들은 남자의 사고방식, 교양 수준, 삶의 행태를 보여 주는 가장 좋은 표본입니다.

5. 비슷한 가정 환경

사람들이 흔히 하는 착각 중 하나가 중매결혼이 연애결혼보다 이혼율이 높을 것이라는 것입니다. 실제로는 중매결혼이 연애결혼에 비해 이혼율이 낮습니다. 이는 동양과 서양 모두 공통된 현상으로, 심지어 중매결혼을 한 커플들의 결혼 행복도가 연애결혼에 비해 더 높다는 통계도 여러 번 보도된 바 있습니다("중매결혼이 연애결혼보다 부부 애정도 높아", 뉴시스, 2011. 3. 6.). 중매가 결혼 생활에 더 유리한 이유는 비슷한 집안끼리 엮어 주기 때문입니다. 이혼 사유 통계를 보면 언제나 '성격 차이'가 1위인데, 이는 그만큼 성장 배경의 중요성을 말해 줍니다. 성장 환경이 다르기 때문에 사고방식과 삶의 방식이 다르기 마련입니다. 이런 차이 때문에 오래 함께 사는 데 있어 지속적인 갈등이 발생합니다. 성장 환경이 비슷할수록 사고방식도 삶의 방식도 비슷할 확률이 높습니다. 삶의 '호환성'이 높은 것입니다. 성격 차이가 최소화되는 것입니다. 성격 차이의 불행을 막으려면, 내가 정상적인 가정 환경에서 자랐을 경우, 상대방이 나와 얼마나 비슷한 환경에서 자랐는지 확인하는 것이 좋습니다. 정상적인 경우, 가족 관계, 부모 성격, 가정 형편 등이 나와 비슷하다면 서로의 말과 행동에 공감하는 부분이 더 많아지고, 성격 차이 때문에 이혼할 가능성을 줄일 수 있습니다.

4장

결혼으로 인생 망하는 여자들의 공통점

『남자 구분법』을 읽어도, 사람들이 조언해도, 결국 나쁜 남편감과 운명처럼 맺어지는 여자들이 있습니다. 어떤 남자가 좋은 남편감인지 나쁜 남편감인지 뻔히 알면서도 자기도 모르게 그렇게 됩니다. 이른바, 좋은 남편감은 차 버리고 나쁜 남편감에 자석처럼 매달리는 유형입니다. 심지어, 좋은 남편감과 결혼을 했는데도 나쁜 남편감과 결혼한 것만큼 불행한 경우도 있습니다. 어디서 누굴 만나도 남자만 만나면 운명적으로 불행해지는 여자들. 이들에게는 모두 그럴 만한 이유가 있습니다.

1. 매력 있어서 결혼한다

결혼으로 불행해진 여자들의 상당수가 자신이 정말 좋아해서, 사랑해서 결혼한 경우입니다. 특히, 착하고 성실한 최고의 배우자감이 최악의 남편감에게 푹 빠져, 주변에서 도시락 싸 들고 다니며 말리는데도, 기어코 결혼을 강행하는 경우가 많습니다. 남자든 여자든 자신과 다른 형질의 이성에게 매력을 느낍니다. 사람이든 동물이든 자연 상태에서 근친교배 가능성을 낮추고 더 건강한 자손을 생산하기 위해 자신의 유전자와 상이한 상대에게 매력을 느끼도록 태어납니다. 그래서, 불성실하고 못된 여자가 성실하고 착한 남자에게 매력을 느끼고, 성실하고 착한 여자가 불성실하고 못된 최악의 남편감에게 매력을 느낍니다. 할리우드 영화배우 산드라 블록이 대표적인 사례입니다.

사례 1

산드라 블록(Sandra Bullock, 1964년생). 훌륭한 부모 밑에서 훌륭한 가정 교육을 받음. 밝고 긍정적, 대범한 면도 있고, 자상하며 현명하고 헌신적. 만인의 사랑을 받는 전형적인 '천사표' 여자이자 최고의 배우자감. 남자들에게 (당연히) 인기 많았으나 특별한 남자 취향이 없고, "날 가장 간절히 원하는 남자에게 가장 끌린다"라는 연애 철학을 지니고 있었음. 찍으면 넘어간다는, 전형적인 '오픈 마인드'. 그가 사귄 남자들 상당수가 이기적인 바람둥이에 나쁜 남편감들이었고, 그중 최악이 블록의 나이 41세에 결혼한 방송인 제시 제임스. 수많은 남자들과 사귀면서도 결혼은 하지 않았던 블록이 처음으로 결혼 상대로 선택한 제시 제임스는 이미 두 번의 이혼 경력이 있었고 블록과 사귈 즈음에는 두 번째 부인과 세 번째 아이를 낳았던 상태. 이번에도 주변 사람들이 도시락 싸 들고 다니며 극렬 반대. 하지만 블록은 그의 세 자식까지 품어 주며 결혼 강행. 제임스는 자기 아이들을 친자식처럼 키워 준 블록을 내버리고 수많은 질 낮은 여성들과 관계. 심지어 여성 편력이 들통나 개망신당하고 공개 사과를 한 직후에도 외도 행각을 벌임. 이 일을 계기로 둘은 6년간의 고통스러운 결혼을 끝내고 이혼.

여자가 아무리 현명하고 똑똑해도 남자 보는 눈이 없으면 이렇게 됩니다. "나만 잘하면 좋은 남자는 따라온다." 이런 오만한 생각은 대부분 배드 엔딩으로 끝납니다. 수많은 고학력·고소득 여성들이 이런 생각으로 결혼했다 불행한 결말을 피하지 못했습니다. 본인은 분명 자신에게 이로울 것 같은 남자를 심사숙고해서 선택한 거라 생각했지만, 실은 그게 아니라, 본인이 가장 매력을 느낀 남자와 결혼한 거였습니다. 수많은 여자들이 이런 선택을 합니다. 본인은 심사숙고 끝에 충분히 이성적으로 남편감을 고른다고 하지만 결국 자신의 오장육부가 끌리는 '매력적인 나쁜 남편감'과 운명적으로 맺어집니다. 여자의 학력, 지능, 교양 수준, 사회 지위, 집안 배경 등과 상관없이 무작위로 나타나는 지극히 흔한 모습입니다.

매력 있는 남자를 조심해야 합니다. 매력적인 남자와 결혼하고 싶은 마음을 이 악물고 억눌러야 합니다. 앞서 이야기했듯 나쁜 남편감일수록 여자들에게 인기가 많고, 좋은 남편감일수록 인기가 없습니다. 자연의 섭리입니다. 가정을 책임질 의도도 능력도 없는 남자가 여자도 잘 꼬드기고 번식력도 뛰어납니다. 거부할 수 없는 매력으로 여자 인생을 가시밭길로 몰고 갑니다. 반면, 가정을 책임질 능력이 뛰어난, 부양 본능 투철한 남자는 여자를 꼬드기는 능력도 형편없고 번식력도 수준 이하입니다. 누구나 거부하는 마이너스 매력으로 좀처럼 눈에 띄지 않거나 관계가 잘 유지되지 않습니다. 남자 구분법의 관점에서 보면 대자연의 생리는 놀라울 정도로 악의적입니다. 우리는 야생의 비극에서 벗어나기 위해 문명을 건설했습니다. 좋은 남편감의 이야기는 문명의 이야기입니다. 대자연의 부조리에서 벗어나기 위한 매뉴얼입니다.

자연의 생리를 직시해야 합니다. 대자연의 어머니는 나쁜 남편감일수록 여자에게 매력적으로 보이게 만들었으며, 좋은 남편감은 그렇지 않게 만들었습니다. 여자가 매력을 느끼는 남자들은 대부분 좋은 남편감이 아닌 나쁜 남편감이라는 사실에 경각심을 가져야 합니다. 특히, 여자 본인이 착하고 성실한 좋은 배우자감일 경우 나쁜 남편감에게 매력을 느낄 가능성이 열 배 이상 높다는 사실을 인지해야 합니다. 유쾌하고 말 잘하고 자유분방한 남자에게 끌리는 마음을 자제해야 합니다. "결혼하면 나아지겠지", "내가 잘하면 되겠지"라는 안이한 생각이 여자 인생을 비극의 수렁으로 몰고 갑니다. "이 남자 너무 매력 있다, 결혼하고 싶다." 이런 생각이 드는 순간 "이건 혹시 대자연의 농간이 아닐까" 생각해야 합니다. 인간성을 보지 말고 기능을 보라고 했습니다. 결혼해서 가정을 책임질 수 있는 기능이 있는지 봐야 됩니다. 그게 대자연의 농간에 빠지지 않는 최선의 사고방식입니다.

"재능 있으니까 결혼한다"라는 생각 역시 "매력 있어서 결혼한다"와 같은 경우입니다. 재능, 퍼포먼스, 능력, 결과물에 매력을 느껴 결혼하는 경우입니다. 배우, 예술가, 창작자, 스포츠맨에게 수없이 많은 여성 팬들이 몰리는 건 분명 그럴 만한 이유가 있기 때문입니다. 누구나 인간이 가진 재능에 매력을 느끼고, 매력을 느낀 인간에게 개인적으로 가까워지고 싶어 합니다. 이게 치명적인 함정입니다. 십중팔구 불행으로 끝난 유명 연예인들의 결혼 사례를 생각해 봅니다. 연예인의 외모와 명성도 재능입니다. 외모는 타고난 재능이고, 명성은 노력과 실력으로 쌓은 결과물입니다. 여기에 매력을 느껴 결혼합니다. 그리고 불행해집니다. 왜냐하면 '재능'은 가정을 책임지는 '기능'이 아니기 때문입니다. 재능이나 명성은 간판일 뿐, 결혼을 유지하는 데 도움이 되지 않습니다.

재능도 있고, 명성도 있고, 가정을 책임질 기능도 있으면 금상첨화입니다. 하지만 그런 경우는 지독할 정도로 드뭅니다. 인간의 심리·성격·능력은 언제나 시소 게임이며, 뛰어난 재능은 다른 부분의 결핍을 의미합니다. 인간의 재능에 매력을 느끼는 건 이상한 일이 아니며, 이 때문에 관계를 기대하는 것도 자연스러운 일입니다. 하지만 결혼은 완전히 다른 문제라는 사실을 이해해야 합니다. 매력이든 재능이든, 그냥 즐기고 감상해야 합니다. 결혼만 하지 않으면 됩니다. 불행의 씨앗은 언제나 소유하고 싶은 욕심에서 비롯됩니다. 사람을 소유할 것이면 기능을 보라고 했습니다. 인간을 인간 취급하지 말고 가전제품 취급해야 한다고 했습니다. 그게 결혼으로 인생을 망치지 않는 최선의 마음가짐이라고 했습니다. 뛰어난 재능을 가진 사람을 보면 "저렇게 뛰어나니까 결혼해서 뛰어난 배우자가 되겠지." 이런 근거 없는 착각을 하지 말고, "저렇게 뛰어나니까 어딘가 심각하게 결핍된 데가 있겠지." 이 생각을 해야 합니다. 실제로 결핍된 데가 있는지 없는지 그건 중요한 게 아닙니다. 중요한 건 이런 사고방식이 관계를 건강하게 만든다는 사실입니다. 여자의 생존과 복지, 그리고 정신 건강을 지켜 준다는 사실입니다.

"존경하니까 결혼한다"라는 경우 역시 결혼으로 인생 망치는 흔한 경우입니다. 남자를 스승으로서 존경했든 사회 선배로서 존경했든, 아니면 남자의 인품을 존경했든, 존경의 마음으로 결혼을 하면 대부분 불행한 결말을 보게 됩니다. 주례사에서는 서로 존경하며 살라고 합니다. 부부가 결혼하면 서로 존경하며 살아야 백년해로한다고 합니다. 하지만 현실적으로 불가능한 말입니다. 결혼은 먹고사는 문제의 연속입니다. 먹고사는 문제는 풍족한 환경이든 결핍된 환경이든 본질적으로 같은 생리로 돌아갑니다. 여기에 "잘했다, 못했다, 멋지다, 추하다, 내 덕이다, 네 탓이다" 가치 평가가 개입하면 인생은 괴로워집니다. 존경의 문제는 상대방에 대한 기대와 가치 평가로 이어집니다. 배우자에게 기대가 커질수록, 가치 평가가 심화될수록, 관계는 쉽게 곪아 터집니다.

고로, 존경하는 남자와 사적인 관계를 맺으면 안 됩니다. 존경하는 남자와 사적인 관계를 맺었다면 존경의 마음을 버려야 합니다. 매력, 재능의 문제와 같은 문제입니다. 결혼에 해가 되는 특징에 몰두해 최악의 수를 두는 것입니다. "서로 존경하면 괜찮다"라는 비현실적인 기대부터 버려야 합니다. 서로 존경하는 것보다 존경의 마음을 버리고 평범한 마음으로 돌아가는 게 백배 더 쉽고 이롭습니다. 서로 동등하지는 못해도 동등하기 위해 애라도 써야 합니다. 존경하기 위해 애쓰지 말고, 동등해지기 위해, 편한 친구처럼 되기 위해, 서로에 대한 가치 평가를 중단하기 위해 애써야 합니다. 그래야 관계가 행복해집니다.

2. 사랑하니까 결혼한다

진실한 사랑으로 결혼했더니 백년해로했다는 동화 속 사례들은 대부분 '운이 좋았기 때문'입니다. 미칠 듯이 사랑해 결혼한 커플들 대부분이 짧고 굵은 결혼 생활을 누리다 이혼합니다. 결혼은 현실이기 때문입니다. 사랑에 눈이 멀어 결혼하면 남자의 현실을 뒤늦게 발견합니다. 경제력의 문제일 수도 있고 숨겨진 본성의 문제일 수도 있습니다. 어떤 경우든 결혼한 뒤에야 현실을 깨달으면 관계에 치명상을 입습니다.

여자가 남자와 결혼을 하는 이유를 되새깁니다. 사랑하기 때문에 결혼하는 것이 아니라 인생을 안정적으로, 풍족하게, 행복하게 살기 위함입니다. 즉, 결혼에 대한 최우선 고려 사항은 '얼마나 사랑하느냐'가 아니라 '이 관계가 얼마나 오래 지속 가능한가'입니다. 남자를 사랑한다면 그 남자의 단점부터 파악해야 합니다. 사랑이고 매력이고 인품이고 일단 모두 다 접어 두고, 남자에게 어떤 단점이 있는지 하나부터 열까지 샅샅이 살펴봐야 합니다. 그래서 그 모든 단점에도 불구하고, 앞으로 최소 30년 이상 같이 살 수 있을지 생각해 봐야 합니다. 그 단점들 대부분은 바뀌지도 사라지지도 않을 것입니다. 여자가 손을 대거나 간섭할 수도 없을 것입니다. 그렇다 하더라도, 미리 알고 결혼하는 것과 결혼한 뒤에 아는 것은 엄청나게 다릅니다.

사랑이 남자의 단점을 감싸 주지는 않습니다. 지금 당장은 그럴 것 같아도 1년만 같이 살아 보면 그게 아니란 사실을 알게 됩니다. 먹고사는 문제는 물리적 문제이지 감정의 문제가 아닙니다. 우리는 결혼을 먹고사는 문제, 현실의 문제로 이해해야 합니다. 사랑의 감정은 먹고사는 문제를 대신해 주지 못하며, 그 어떤 현실의 문제도 해결해 주지 못합니다. 우리는 사랑의 감정이 정말 나의 생존과 복지를 위한 것인지 생각해 봅니다. 그게 아니라 혹시 대자연의 또 다른 부조리가 아닌지 생각해 봅니다. 나의 생존과 복지가 아닌, 무분별한 번식을 위한 메커니즘이 아닌지 생각해 봅니다.

사랑하지 않아도, 그런 감정 없어도, 결혼은 유지됩니다. 백년해로의 해피 엔딩은 사랑의 힘이 아니라 배우자의 기계적 성실함, 루틴의 삶, 건전한 주관과 상식에 의해 가능합니다. 진실된 사랑, 맹목적 사랑을 찾는 여자에게 백년해로의 해피 엔딩은 없습니다. 대자연의 아이러니는 사랑에 목매는 여자에게 미움과 증오의 결말을, 사랑이 아닌 건전한 주관과 상식을 좇는 여자에게 행복과 번영의 결말을 제공합니다. 사랑은 노력이 아닌 결과라고 했습니다. 남자가 수십 년 동안 변함없이 책임을 다하게 하는 원동력은 '감정'이 아닌 '행동 패턴'이라고 했습니다. 사랑의 의미를 지금 당장의 들끓는 욕구로 이해하는 여자에게 사랑의 결실은 존재하지 않습니다.

3. 이상형은 존재한다

이상형은 '결혼의 적'입니다. 이상형에 맞는 남자를 찾기 극히 어려울 뿐 아니라, 자신의 이상형에 남자를 짜맞추느라 좋은 남편감을 놓치기 때문입니다. 설사 극히 낮은 확률로 이상형에 맞는 남자와 결혼하더라도 불행한 결말을 피하기 어렵습니다. 남자는 절대 여자의 이상에 맞춰 주지 못하기 때문입니다. 남자는 사고방식, 생활 습관, 삶의 방식이 여자와는 근본적으로 다르며, 여자가 생각하는 남자의 이상형은 대부분 실존할 수 없기 때문입니다. 아무리 겉으로는 완벽해 보여도, 아무리 꿈꿔 왔던 이상형에 딱 들어맞아도, 일단 같이 살기 시작하면 현실을 보게 됩니다. 이상형이란 애당초 존재하지 않았으며 그럴 수도 없었다는 사실을 깨닫게 됩니다.

먹고사는 문제에는 숭고할 것도, 신성할 것도 없습니다. 다 같은 인간들끼리 지지고 볶으며 사는 겁니다. 먹고살다 보면 예상치 못한 문제를 겪게 되고 기대하지 않았던 추한 꼴을 보게 됩니다. 안 맞는 부분은 서로 맞춰 사는 것이고, 사소한 추한 꼴은 덮어 두고 무시하는 겁니다. 자신과 맞는 남자가 어떤 남자인지도 모르고, 상대방에게 어떻게 맞춰 줘야 할지도 모른 채 그냥 "나는 이런 이상형과 결혼하겠다"라는 생각이면 결혼 생활이 제대로 굴러갈 리 없습니다. "존경하니까 결혼한다"와 같은 경우입니다. 이상형을 찍어 놓고 결혼을 하기에 비현실적인 기대감을 품게 됩니다. 그리고 그 기대감에 배신당해 스스로 결혼을 파국으로 이끌게 됩니다. 다시 말하지만, 남자의 단점을 먼저 보고, 그러고 나서 같이 사는 문제를 판단해야 합니다. 이상형을 먼저 만들어 놓고 같이 사는 문제를 꿈꾸는 여자는 극히 높은 확률로 불행한 결말을 맞게 됩니다.

이상형의 자매품으로 소울메이트가 있습니다. 이상형을 믿는 것만큼 소울메이트를 믿는 것도 불행한 결혼의 흔한 원인입니다. 소울메이트는 같이 산 30년의 세월이 행복해야 소울메이트입니다. 이제 방금 처음 만나 스파크가 튀었다고 첫눈에 반했다고 소울메이트라고 설레발치는 철부지 마인드로는 결혼 생활이 좌절과 실망뿐일 수밖에 없습니다. 30년을 같이 살아야 겨우 조금 아는 법입니다. 30년을 같이 살아 봐야 내게 잘 맞는 상대인지 여부를 깨닫는 법입니다. 그때까지는 아무것도 모릅니다. 세상에는 이상형도 소울메이트도 없다는 사실을 마음속에 새겨야 합니다. 아무리 간절한 이상형이 있어도, 아무리 천생연분 같은 소울메이트가 있어도, 그런 건 결혼 생활에 전혀 도움되지 않는다는 사실을 이해해야 합니다. 결혼은 현실이며, 소원과 망상은 소원과 망상에 그쳐야 합니다. 결혼할 남자를 고를 때는 30년 세월을 지속 가능하게 만들 냉철하고 현실적인 판단에 기반해야 합니다.

4. 내게 돈 잘 쓰는 남자가 좋은 남편감

많은 여자들이 철석같이 믿는 상식 중 하나가 "남자는 여자를 좋아할수록 여자에게 돈을 많이 쓴다"입니다. 결론부터 말하면, 남자가 여자에게 돈을 많이 쓰는 까닭은 여자를 좋아하기 때문이 아니라 충동적이라서, 자제를 못 해서 그러는 것입니다. "처음부터 너무 잘해 주는 남자"의 논리가 다시 반복됩니다. 사랑해서 그런 것도 아니고 성격이 후해서 그런 것도 아닙니다. 욕정을 주체하지 못해서 그런 겁니다. 남자가 비이성적일수록, 몰상식할수록, 지적·교양적 수준이 낮을수록, 여자 경험이 일천할수록, 특히 열등감이 심할수록 여자에게 충동적으로 돈을 씁니다.

사람은 누구나 그렇습니다. 상대방보다 내가 부족하다 느끼면 이를 만회하려고 합니다. 허세, 자랑, 과장된 표정과 말투, 공격적 언사, 거짓말과 같은 것들로 자신의 부족함을 감추려 합니다. 그래야 안심이 됩니다. 상대방이 자기를 무시하지 않을 것 같습니다. 여자에게 과도한 돈을 쓰는 게 이런 원리입니다. 좋아하는 여자가 생겼다고 돈을 퍼붓는 남자일수록 어딘가 부족한 데가 있기 마련입니다. 외모, 학벌, 지능, 능력, 사회적 지위, 매력 등 남자는 자신이 어딘가 부족하다고 느낄수록 여자 앞에서 불안감을 느낍니다. 이 불안감을 억제하는 가장 편리한 수단이 돈입니다.

여자 경험이 많은 남자들, 여자에게 인기 많은 남자들, 매력 있는 남자들은 여자에게 굳이 돈을 쓰지 않습니다. 그러지 않아도 자기를 좋아해 줄 여자가 많기 때문입니다. 무엇보다, 여자에게 돈을 쓴다고 반드시 관계가 자기 마음먹은 대로 진전되는 것도 아니고 더 좋은 여자를 얻는 것도 아니기 때문입니다. 남자가 돈을 쓰는 패턴은 가정 교육에 의한 습관인 경우가 많습니다. 좋은 집안에서 교양 있게 자란 남자일수록 돈에 관해 엄격한 교육을 받으며, 밖에서 돈을 함부로 쓰지 않는 버릇을 갖습니다. 이 버릇은 여자와의 관계에서도 똑같이 적용됩니다. 아무리 성적 매력에 푹 빠져도 한번 굳어진 '돈 쓰는 버릇'은 쉽게 무너지지 않습니다. 그래서 처음 데이트를 할 때도, 그리고 결혼하고 수십 년이 지난 뒤에도 언제나 적당히 쓰고 적당한 데서 끊는 패턴을 보입니다.

어떤 남자든 여자에게 성적 매력을 느끼면 무분별하게 돈을 쓸 수 있습니다. 하지만 그것도 처음 한두 번이지 매번 만날 때마다 맹목적으로 여자에게 돈을 뿌리면 이 남자는 어딘가 문제 있는 것입니다. 경제·소비 습관이 잘못돼 있거나, 정신적으로 문제가 있는 것입니다. 여자에게 돈을 많이 쓴 남자가 결혼 뒤 좋은 남편이 되는 경우도 극히 드뭅니다. 여자에게 더 무분별하게 돈을 썼던 남자일수록 결혼 후 아내에게 쉽게 관심을 잃거나, '본전' 생각을 하게 됩니다. 그리고 무엇보다, 다른 여자에게도 무분별하게 돈을 쓰게 됩니다.

여자에게 돈 펑펑 쓰는 남자에게 호감을 갖는 여자들일수록 나쁜 남편감을 만나 불행한 결혼 생활을 할 확률은 높아집니다. 여자에게 돈을 많이 쏠수록 진실된 사랑이라 믿는 여자나, 분별없이 돈 쓰는 남자가 좋은 남편감이라는 여자나, 결국 불행한 결혼이라는 길을 걸을 가능성이 높습니다.

5. 나와 잘 맞는 남자가 좋은 남편감

불행한 결혼 생활을 하는 상당수의 여자들이 '이 남자가 나와 잘 맞는다고 생각해서' 결혼한 경우입니다. '잘 맞는 것'과 '좋은 남편이 되는 것'은 큰 상관관계가 없습니다. 좋은 남편감은 (특별한 예외 상황이 아니면) 서로 잘 안 맞아도 좋은 남편이 됩니다. 나쁜 남편감은 (아무리 특별한 예외 상황이라도) 나쁜 남편이 됩니다. 그래서 『남자 구분법』을 쓴 것입니다. 단순히 '잘 맞는다'는 이유로 행복한 결혼 생활이 보장될 것이면 남자 구분법을 쓸 이유는 없었을 것입니다.

아무리 나와 잘 맞는 천생연분 '소울메이트' 같아도 좋은 남편감인지 아닌지는 객관적으로 판단해야 합니다. 여기서, 먹고사는 문제가 다시 등장합니다. 함께 놀러 다니며 취미 활동만 즐길 것이면 좋은 남편감 기준 같은 거 필요 없습니다. 서로 잘 맞는 천생연분 소울메이트면 충분합니다. 하지만 먹고사는 문제는 그렇지 않습니다. 필요한 게 제공되어야 합니다. 돈을 벌어야 하고, 먹을 걸 장만해야 하고, 같이 살 집을 꾸려야 합니다. 먹고사는 문제는 소꿉장난이 아닙니다. 공동으로 삶을 개척하고 운영하는 비즈니스에 더 가깝습니다. 그래서 남자의 성실함을 보고, 책임감을 보고, 경제력을 봅니다. 먹고사는 데 필요한 게 제공되는 게 우선입니다. 나와 잘 맞는지 여부는 그 뒤의 문제입니다.

'그 뒤의 문제'로 인해 결혼이 불행해지는 경우도 있습니다. 아무리 좋은 남편감을 만나도, 아무리 먹고사는 데 필요한 게 넘쳐나도 좀처럼 서로 맞지 않는 경우입니다. 아무리 안 맞아도 좋은 남편감과 결혼하면 결혼 생활은 오래 유지됩니다. 문제는 여자의 마음입니다. 맞지 않는 남자와 수십 년을 함께 살면 여자는 고통받습니다. 취향이 다른 문제는 인내 가능하지만, 지능이나 교양 수준 차이는 참기 힘든 스트레스를 유발합니다. 남자와 여자의 다른 점입니다. 남자는 아무리 싫은 여자, 아무리 수준 차이 나는 여자와 살아도 금방 적응합니다. 취향이 다르고, 생각이 다르고, 서로 잘 안 맞고, 이런 것에 크게 연연하지 않습니다. 하지만 여자는 세월이 갈수록 '서로 안 맞는 문제'로 인한 고통이 가중됩니다.

취향이 조금 다르면 '싸우면서 맞춰 줄' 수 있습니다. 하지만 지적 수준이나 교양 수준에 차이가 심하면 '싸우지 않으면서 멀어지게' 됩니다. 앞서 비슷한 집안끼리 맺어져야 결혼이 오래간다고 했습니다. 이런 이유 때문입니다. 비슷한 집안일수록 서로의 지적 수준이나 교양 수준이 비슷할 가능성이 높기 때문입니다. 아무리 일관되게 성실하고 상식적인 좋은 남편감이라도 정신 수준이 다르면 여자는 고통받습니다. 아무리 세상에서 제일 좋은 남편감을 만나도 남자가 너무 싫으면 결혼을 재고해야 합니다. 결혼은 일방적인 관계일 수 없으며, 남편이 아내가 싫어서 바람나는 것처럼, 아내가 남편이 싫어서 바람나는 것도 자주 있는 일입니다. 그리고 이 때문에 가정이 파탄 나는 것도 절대 드물지 않은 일입니다.

좋고 싫은 데 이유는 없지만 최소한 어떻게 싫은지는 생각해 봐야 합니다. 남자가 "매력이 없다, 심심하다, 재미없다, 재수 없다, 기분 나쁘다." 이런 것인지, 아니면 수준 차이가 너무 나서 그런 것인지 생각해 봐야 합니다. 싫은 점이 익숙해지면 괜찮을 것인지, 참고 살 만할 것인지 생각해 봐야 합니다. 대부분의 경우, '매력 없다, 재미없다, 재수없다' 같은 '주관적 취향'의 이유는 살면서 극복되는 경우가 많습니다. 하지만 "수준 차이가 난다, 서로 근본적으로 다르다." 이러면 아무리 계속 같이 살아도 극복되지 않습니다. 오래 함께 살수록 고통은 심화되며 결국 여자 쪽에서 탈이 나게 됩니다. 가정에 대한 책임 때문에 결혼은 어떻게든 유지한다고 해도, 여자의 정신이 온전할 수 없다는 사실을 염두에 두어야 합니다.

6. 내 편 들어 주는 남자가 좋은 남편감

남자와 여자의 근본적 차이에 대해 이야기했습니다. 남자는 목적 지향적이고, 여자는 관계 지향적입니다. 여기서 대부분의 차이가 발생합니다. 그리고 대부분의 갈등이 발생합니다. 여자의 관계 지향적 본성은 '내 편'을 중시하는 경향을 보입니다. 그래서 종종 이성적·논리적인 판단과 별개로 친구, 가족, 지인, 나와 같은 무리의 편을 들게 됩니다. 반면 남자의 목적 지향적 본성은 '객관성·목적성'을 중시하는 경향을 보입니다. 그래서 친구, 가족, 지인 관계와 상관없이 현실적 판단을 우선하게 됩니다. 이런 경향은 좋은 남편감일수록 더 강하게 나타납니다.

여기서 문제가 시작됩니다. 사귀는 사이인데, 결혼한 사이인데, "왜 내 편을 들어 주지 않느냐"라며 여자가 남자를 이해하지 못하는 겁니다. "아니 저놈은 오늘 처음 본 놈이고 나는 평생 같이 살 가족인데? 왜 저놈 편을 들지?" 여자 입장에서는 도저히 용납 불가능한 배신 행위지만 남자 입장에서는 지극히 당연한 일입니다. 여자가 사실과 다른 엉뚱한 주장을 하면 그것까지 편들어 주지는 않습니다. 가족의 입장에서 보는 게 아니라, 그냥 있는 그대로 보는 겁니다. 물론 남자가 상황을 잘못 판단했을 수 있습니다. 여자에 대한 불신이나 편견 때문에 그런 것일 수도 있습니다. 하지만 그럼에도 불구하고 이것만으로 남자를 판단할 수는 없습니다. 남자가 여자 편을 들어 주지 않는 건 극히 일상적인 일이며, 이걸 문제 삼을 것이면

1. 평생 어떤 남자도 만나지 말거나
2. 여자 편만 드는 (혹은 들어 주는 척하는) 비정상적인 남자만 만나야 합니다.

이렇게 생각하면 쉽습니다. 자기 부모 편을 드는 남자가 있습니다. 부모가 아무리 말도 안 되는 걸 우기고 사실과 다른 엉뚱한 주장을 해도 단지 부모라는 이유로 무조건 편들어 주는 겁니다. 이게 정상적인 남자인지 생각해 봅니다. 내 편을 들어

주지 않으면 배신 행위고, 자기 부모 편들어 주지 않으면 객관적인지 생각해 봅니다. 남자는 부모의 편도, 가족의 편도, 아내의 편도 아닙니다. 남자는 주관과 상식의 편이라는 사실을 기억합니다. 남자는 주관과 상식의 편이기에 결혼해서 시댁으로부터 아내를 보호해 주는 것이라고 생각해야 합니다. 지금 당장은 내 편을 들어 주지 않아서 속상하지만, 이런 모습이 나중에는 결국 아내와 가정에 최선의 결과로 돌아올 가능성이 높다는 사실을 이해합니다.

같은 이야기 반복합니다. 좋은 남편감은 여자 편을 들어 주는 사람이 아닙니다. 여자의 장기적 복지를 위해 움직이는 사람입니다. 말로만 "나는 당신 편"인 척 주둥이를 놀리기보다 여자에게 뭐가 더 좋을지 판단하고 행동하는 겁니다. "나는 네 편"이라거나, "나만 믿으라", "뭐든 다 해 주겠다" 따위 립서비스에 거부감 갖는 겁니다. 대신 묵묵히 문제 해결을 위해 움직이는 겁니다. 좋은 남편감은 당신이 여자라서 좋아하는 것도 아니고, 당신을 같은 편으로 생각해서 좋아하는 것도 아닙니다. 좋은 남편감이 좋은 남편감인 이유는 당신을 성욕의 대상으로 보기 때문도 아니고, 정치·사회·사상적으로 같은 편으로 보기 때문도 아닙니다. 나와 같은 '인간'으로 여기기에 그러는 것입니다.

7. 이 남자 아니면 안 된다(관계를 끊지 못함)

"지금 이 남자 아니면 안 된다, 또 어디서 이만한 남자를 얻을까." 최악의 남편감을 만나고 있는 여자들이 흔히 하는 생각입니다. 아이러니하게도, 좋은 남편감만 골라 만나는 여자들은 이런 생각을 하지 않습니다. 지금 남자가 아무리 좋은 남편감이라도 "이보다 더 나은 남자도 많을 것"이란 생각을 합니다. "내가 또 어디서 이런 남자를 만날까" 하는 생각에 빠져 사는 여자들은 자신이 만날 수 있는 최악의 남편감을 만나고 있는 게 대부분입니다.

당연한 원인과 결과입니다. 다른 남자 만나기가 무서워 지금 남자에 미련을 버리지 못하는 겁니다. '여자가 남자를 고른다는' 생각을 하는 게 아니라, '남자에게 선택받는다는' 생각을 하는 겁니다. 여자는 '남자에게 선택받는다는' 생각을 할수록 수준 떨어지는 최악의 남편감을 만나게 됩니다. 다른 남자 만나는 게 무서운 여자일수록 (당연하게도) 좋은 남편감을 만날 확률이 낮습니다. 그리고 무엇보다, 매력이 없습니다. 내가 남자를 고르는 게 아니라 남자에게 선택받는다는 생각에 찌들수록 점점 더 수준 낮은 남자를 만나게 되고, 그런 남자에게조차 무시당하고 인간 이하의 대접을 받게 됩니다.

설사 지금 만나는 남자가 실제로 세상에서 제일 좋은 남편감이라도 "이 남자 아니면 안 된다, 이 남자와 반드시 결혼해야만 한다" 같은 생각에서 벗어나지 못하면 이 남자와 결혼할 확률은 심각하게 낮아집니다. 남자는 자신에게 집착하고 미련 가득한 여자에게 매력을 잃습니다. 스티븐 킹의 원작「미저리(Misery, 1990)」는 이런 남자들의 심리를 극화합니다. 남자에게 진한 미련을 버리지 못하는 여자에 대한 공포와 혐오감을 상징적으로 그립니다. "이 남자 아니면 안 된다"라는 여자와 결혼하는 남자는 많지 않습니다. 관계를 유지하는 것도 불편해합니다. 무엇보다, 이런 여자를 보면 남자들은 종류에 상관없이 "이 여자는 내가 함부로 대해도 날 떠나지 못한다, 이 여자에게는 그래도 된다"라는 생각을 합니다. 그리고 아무 행동이나 막 하게 됩니다. 혹시나 결혼한다 하더라도 인간 이하 취급을 당하며 불행하게 사는 겁니다. 관계에 대한 미련이 무섭습니다. 여자를 '미저리'로 만드는 것도 모자라 막 대해도 될 것 같은 최하급 존재로 만듭니다.

문제의 핵심은, 여자가 남자와의 관계를 끊지 못하는 것입니다. 쓰레기 같은 남자, 나쁜 남편감을 만나는 이유도 관계를 끊지 못하기 때문이고, 남자에게 인간 이하 취급을 받으며 고통받는 것도 남자와의 관계를 끊지 못하기 때문입니다. 당신이 지금껏 몰랐던 진실은 "여자의 고통 대부분은 남자관계에 대한 미련을 버리면 사라진다"라는 사실입니다.

1. "고르는 쪽은 네가 아닌 나"
2. "너 말고도 남자는 많다"
3. "너 말고 더 나은 남자도 많다"

이 생각만 해도 남자와의 관계는 달라집니다. 남자의 태도가 달라지고 대접이 달라집니다. 지금껏 남자의 선택을 받지 못할까, 남자에게 버림받을까, 벌벌 떨던 병적인 마음이 순식간에 역전됩니다. 인간관계는 언제나 바라는 게 없는 쪽이 우위에 섭니다. 기가 더 센 사람도 아니고, 싸움을 더 잘하는 사람도 아닙니다. 인간관계의 서열은 언제나 '바라는 게 있느냐 없느냐'에 의해 결정됩니다. 바라는 게 없으면 관계의 우위에 서는 것이고, 바라는 게 있으면 관계 서열 밑으로 떨어집니다.

관계에 대한 미련을 버리기 위해 남자에 대한 동정을 버려야 합니다. 남자와의 관계를 쉽게 끊지 못하는 또 다른 이유가 남자에 대한 연민 때문입니다. "남자가 상처받으면 안 되니까", "착하니까", "그동안 내게 잘해 줬으니까", "나를 사랑하니까." 이런 생각으로 관계를 끊지 못하고 질질 끄는 여자가 좋은 남편감을 만날 일은 없습니다. 여자의 동정과 연민을 유발하는 나쁜 남편감만 골라 사귀다 결국 그런 남자와 맺어져 인생을 망칩니다.

"너 말고도 남자는 많다"라는 생각을 하면, 반대로 "나 말고도 여자는 많다"라는 생각도 할 수 있습니다. 남자가 불쌍하다는 생각이 들면 자동으로 '나 말고도 그 남자를 보듬을 여자는 많다'라는 생각을 해야 합니다. 그래야 서로 행복합니다. 해가 되는 관계, 불만족스러운 관계는 최대한 빨리 끊고 다른 남자를 만나야 서로 더 좋은 배우자감을 만날 수 있습니다.

남자 보는 안목을 높이고 남자 대하는 기술을 익히는 최고의 방법은 되도록 많은 남자를 만나는 것뿐입니다. 남자에 대해 많이 알수록, 남자에 유연하게 대처할수록 좋은 남편감을 발견하는 능력도 커집니다. 연애 기술은 단순한 원리에 의해 돌아갑니다. 새로운 남자를 더 많이 만나는 여자가 연애도 잘하고 원하는 남자와 엮일 가능성도 높습니다. 세상에는 운명적 사랑도, 소울메이트도, 이상형도 없습니다. 세상에 미리 정해진 관계는 없으며, 가장 좋은 남편감도 없습니다. 여자는 지금 당장의 안목으로 최선의 선택을 하는 것뿐이고 잘되지 않으면 다른 남자를 만나면 됩니다. 그게 더 행복한 남녀 관계를 위한 최선의 조언입니다.

8. 남자에게 잘해 줌

"착한 여자가 나쁜 남편을 만난다"라는 속설은 많이 알려져 있지 않은데, 여기에는 뚜렷한 인과 관계가 있습니다. 앞서 설명한 대로, 남자와 여자는 다른 형질의 상대에게 매력을 느낍니다. 그래서 못된 여자는 좋은 남편감과, 착한 여자는 나쁜 남편감과 맺어질 확률이 자연적으로 높습니다. 여기 또 하나 추가되는 '인공적 원인'이 있습니다. 착한 여자는 세상 모든 남자에게 다 잘해 준다는 점입니다.

남자에게 예의상 혹은 측은지심에 친절을 베푸는 여자들이 많습니다. 싫은 남자인데 점심을 함께 먹어 주기도 하고, 싫은 농담을 맞장구쳐 주기도 하고, 싫은 얼굴을 보고 웃어 주기도 합니다. 그냥 안 그러면 되는데, 싫으면 안 하면 되는데, 그 쉬운 걸 못 합니다. 이게 좋은 남편감을 밀어내고 나쁜 남편감을 끌어들이는 자석 역할을 합니다. 좋은 남편감일수록 착하고 친절한 여자에게 매력을 잃고 나쁜 남편감일수록 그런 여자에게 강한 매력을 느끼는데, 정리하면 이렇습니다.

좋은 남편감일수록

1) 만만한 여자, 착한 여자, 약해 보이는 여자에게 관심을 잃고,
2) 독립적인 여자, 주관 있는 여자, 강해 보이는 여자에게 호감을 느낌.

나쁜 남편감일수록

1) 독립적인 여자, 주관 있는 여자, 강해 보이는 여자에게 반감을 갖고,

2) 착한 여자, 만만한 여자, 약해 보이는 여자에게 집착함.

'남자에게 잘해 주는 것.' 이것만으로도 남자의 눈에 보이는 여자의 모든 형질이 결정됩니다. 남자에게 잘해 주는 여자는 자동으로 착한 여자, 만만한 여자, 약해 보이는 여자가 돼 나쁜 남편감과 가까워지고 좋은 남편감으로부터 멀어집니다. 착하고 만만한 성격이 아닌 원래는 독립적이고 주관 강한 여자라도, 단지 남자에게 잘해 주는 별것 아닌 습관만으로 같은 결과를 낳습니다. 나쁜 남편감을 끌어들이고 좋은 남편감으로부터 멀어집니다. 착한 여자가 나쁜 남편감을 만나는 것처럼, 평판 좋은 여자도 나쁜 남편감을 만납니다. 실제 성격이 그렇지 않더라도, 단지 남자들에게 잘해 준다는 평판이 있는 것만으로 나쁜 남편감의 타깃이 됩니다.

좋은 남편감을 만나는 것보다 더 중요한 건 질 나쁜 남자와 엮이지 않는 겁니다. 여자는 굳이 좋은 남편감을 만나지 않아도 됩니다. 좋은 남편감 없어도 인생 행복하게 살 수 있습니다. 하지만 나쁜 남편감과 엮이면 여자의 인생은 망합니다. 좋은 남편감 찾지 말고 그보다 먼저 나쁜 남편감을 피해야 합니다. 그러기 위해 여자는 제일 먼저 세상 모든 남자에게 잘해 주는 바보 같은 습관에서 벗어나야 합니다.

사례 1

고등학교 여교사 조 모 씨. 독실한 신앙인. 지방 미션 스쿨에서 자원봉사를 하다 만난 고교 2학년 남학생과 친해짐. 남학생에게는 정신병이 있었지만, 조 씨는 정신적 문제를 '주님의 사랑'으로 감싸 줌. 남학생은 여교사의 아가페적 사랑을 이성적 호감으로 받아들였고, 이것이 집착으로 발전해 여교사를 스토킹함. 그러다 마침내 흉기를 들고 강간까지 시도했으나 실패한 후 미국으로 도피 유학을 갔고, 거기서도 여교사에 대한 집착을 버리지 못하고 피해망상을 키우다 한국으로 돌아와 여교사를 잔혹하게 살해함.

—"짝사랑한 고교 여선생 잔인하게 살해한 옛 제자", 뉴스1, 2014. 1. 14.

정신병자를 잘못 만난 불운이라고 생각하기 쉽지만 애당초 여교사가 남학생에게 잘해 주지 않았으면 일어나지 않았을 일입니다. 피해자에게 책임을 전가하는 것이 아니라 실제 현실이 그렇습니다. 지금껏 발생한 수많은 강간, 살인과 같은 강력 범죄들이 이와 소름 끼치게 유사한 패턴을 보입니다. 여자가 자기에게 잘해 줬다는 이유로 연애 감정을 품고, 여자가 관계 진전을 거부하자 강간 혹은 살인을 저지른 것입니다.

사례 2

2015년 시흥시 과일 가게 살인 사건. 헬스장에서 하루 종일 운동하던 20대 남자 무직자, 손님으로 온 유부녀가 자신에게 친절했다는 이유로 성적으로 집착하기 시작. 남자의 접근에 겁먹은 유부녀가 관계를 단절하려 하자 남자는 피해망상 발동, 칼을 들고 대화 좀 하자며 여자를 쫓아옴. 남자를 피해 동네 과일 가게에 들어가 주인에게 도움을 요청했지만, 주인이 경찰에 신고 전화를 하러 일어난 사이 남자는 여자를 수십 차례 칼로 찔러 살해.

―"호의 베푼 여성 무자비 살해 20대 징역 25년", 뉴스1, 2015. 9. 8.

여자 입장에서는 아무것도 아닌 일상적 인사와 다름없는 친절이었겠지만, 남자들 입장에서는 이를 '진실된 이성적 호감'으로 받아들일 수 있습니다. 여자는 절대로 남자를 여자의 사고방식으로 이해하면 안 됩니다. 남자는 여자와 눈만 마주쳐도 자신을 좋아하는 것으로 착각합니다. 정신병자라서 그런 게 아니라 남자가 원래 그렇게 만들어져서 그런 겁니다. 남자가 정신병자일 경우 이것 때문에 범죄를 저지르는 것이고, 정상일 경우 그냥 앙심만 품고 돌아서는 것입니다. '남자에게 잘해 준다는' 것은 자칫 여자에게 죽음까지 부를 수 있는 행위라는 사실을 주의해야 합니다. 남자에게 아무 생각 없이 습관처럼 잘해 줬다가 피를 보는 일이 매일 수백 건씩 일어나고 있다는 사실을 기억해야 합니다. 여자는 스스로의 안전을 지키기 위해 남자에게 잘해 주지 않는 법, 여지를 주지 않는 법을 어릴 때부터 익혀야 합니다.

1. 사귈 생각이 없는 남자에게는 아예 시선을 주지 않아야.
2. 사귈 생각도, 업무적 이유도 없는 남자와는 개인적 만남 절대 금지.
3. 재미없는 농담에는 웃지 않아야. 특히 마음에 안 드는 남자의 농담은 아무리 재미 있어도 웃지 말아야.
4. 남자에게 불필요한 친절 베풀지 않아야. 남자가 도와 달라고 하기 전에는 먼저 도와주는 것을 삼가야.
5. 좋아하는 남자가 아니면 쪽지, 메일, 메시지를 남기거나 보내는 걸 극도로 자제해야. 남자가 가장 많이 착각하는 요인.
6. 남자가 (잠깐) 어디 가자거나 만나자고 하면 쉽게 따르지 말아야. 특히 밤에는 절대 No.

농담처럼 들릴 수도 있습니다. 하지만 여기에는 조금도 과장이 없습니다. 이렇게 해야 남자가 잘못된 신호를 받지 않습니다. 이래야 여자를 만만하게 보고 함부로 성적 접근을 하지 않습니다. 불합리해 보이지만, 남자는 자신들의 문제를 고칠 생각도 없고 그럴 능력도 없습니다. 이들은 인류의 역사가 끝나는 날까지 그런 본성을 유지할 수밖에 없습니다. 따라서 여자들은 자구책을 마련할 수밖에 없습니다.

정리하면 간단합니다. 여자는 절대로 남자에게 잘못된 신호를 주면 안 됩니다. 관심이 없는 남자에게는 처음부터 피도 눈물도 없이 딱 잘라 어떤 여지도 남겨선 안 됩니다. 이렇게 해야 나쁜 남자와 엮일 가능성을 줄일 수 있습니다. 남자가 허튼짓 하지 못하게 예방할 수 있습니다. 위 1번부터 6번까지의 자구책은, 불량한 남자를 거르고 좋은 남편감만 끌어들이는 최소한의(하지만 최선의) 거름망이자 방어막입니다.

사귀는 사이라고 문제는 달라지지 않습니다. 이미 사귀고 있어도, 심지어 결혼한 사이라도, 남자에게 지극정성 잘해 주는 여자는 보답을 받는 게 아니라 피해를 당합니다. 섭섭하다, 억울하다 이런 수준이 아니라 등 뒤에 칼을 맞고 재기하기 어려운 수준의 치명상을 입습니다. 지금까지 인류사에 기록된 연애와 결혼의 역사는 언제나 그랬습니다. 남자에게 일방적으로 잘해 주는 지극정성 조강지처 타입일수록 남자에게 더 악독한 배신을 당하고 더 비참하게 버림받았습니다.

우리는 자연의 섭리를 되새겨야 합니다. 남자는 일방적으로 잘해 주는 여자를 고마워하지 않습니다. 당연하게 봅니다. 만만하게 봅니다. 아무리 착하고, 교양 있고, 올바른 남자라도 여자가 계속해서 자신에게 몸과 마음 다 바쳐 잘해 주면 이를 '당연하게' 생각합니다. 만만하게 취급합니다. 그러지 말아야지, 이러면 안 되는데 싶어도 저절로 그렇게 됩니다. 왜냐하면 인간이라는 동물이 원래 그렇게 만들어졌기 때문입니다. 아무리 당신 눈앞의 남자를 탓하고 싶어도, 남자라는 종족을 탓하고 싶어도, 모든 문제의 원인은 당신에게 돌아옵니다. 남자에게 일방적으로 지극정성 잘해 준 당신이 모든 불행의 원인입니다.

사례 3

프랑스에서 대성공을 거둔 세계적 화가 이응노. 그에게는 본부인이 있었음. 19세의 나이로 이응노에게 시집온 박귀희 여사. 박귀희는 전형적인 조선시대 조강지처 타입. 그러나 이응노는 시부모를 극진히 봉양하며 아이까지 낳아 준 박귀희에게 정을 붙이지 못하고, 21살 연하의 제자였던 박인경과 눈이 맞아 가정을 버리고 프랑스로 유학. 박귀희는 남편이 "유학 수속에 필요하다"라며 이혼 서류를 내밀자 이혼을 해 주지 않으면 남편의 공부에 방해가 될 거라 생각해 도장을 찍어 줌. 박귀희는 남편이 두고 간 시어머니를 모시며 남편을 기다림. 남편이 돌아온 것은 그로부터 약 10년 뒤 발생한 동백림 사건 때. 빨갱이로 몰려 옥에 갇힌 (이미 이혼한) 전남편을 극진히 옥바라지했고, 감옥에서 폐인이 되어 출소한 남편을 집으로 데려와 또 극진히 보살핌. 하지만 이응노는 몸이 낫자마자 곧바로 박인경이 기다리고 있는 프랑스로 날아가 버렸고, 박귀희는 이후 계속 시어머니를 모시며 살다 불행한 인생을 마침. 박귀희와 그의 자식들은 프랑스에서 큰 부자가 된 이응노로부터 돈은커녕 그림 한 점도 물려받지 못함.

―"이응노 화백 본부인 박귀희 여사 별세", 연합뉴스, 2001. 2. 24.

세상에 어떻게 이런 일이. 어떻게 이리 파렴치할 수가. 이응노는 정상적인 인간이 아니었다고 생각할지 모르겠습니다. 다시 말합니다. 아무리 남자 탓을 하고 싶어도, 남자라는 종족 전체를 싸잡아 욕하고 싶어도, 모든 문제의 원인은 남자에게 너무 잘해 준 여자에게 있습니다. 이런 일은 절대로 드물지 않으며, 지금 당장 당신의 주변에 혹은 당신의 과거에도 있었을 일입니다. 세상 거의 모든 성공한 남자 뒤에 이렇게 그 남자만 바라보고 지극정성 뒷바라지하다 처절하게 버림받은 여자들이 있습니다. 스포츠, 음악, 미술, 만화, 문학, 과학, 정치 등 분야를 가리지 않고, 거의 '공식'에 가까울 정도로 흔히 발견됩니다.

이 '공식'을 지금껏 우리는 엉뚱하게 해석했습니다. 성공한 남자들에게는 배신의 DNA가 있다, 여자가 남자에게 더 잘해 주지 않은 탓이다, 남자의 바람기를 관리하지 못한 탓이다. 하지만 남자는 생각처럼 복잡한 생물이 아닙니다. 남자가 여자와의 관계를 포기하는 까닭은 하나뿐입니다. 여자에게 매력이 없기 때문입니다. 물론 남자가 성공하고 돈을 많이 벌면 다른 여자를 만날 기회가 늘어납니다. 하지만 다른 여자를 만난다고 꼭 기존 관계를 버리는 건 아닙니다. 남자가 기존 관계를 버리는 까닭은 여자에게 매력을 잃었기 때문이며, 여자가 매력을 잃는 가장 흔한 이유는 서로 맞지 않기 때문이거나, 남자에게 너무 잘해 주기 때문입니다.

각자의 상황에 따라 이런저런 많은 변수가 있지만 변치 않는 진실은 하나입니다. 여자가 잘해 주지 않는다는 이유로 헤어지는 남자는 없습니다. 잘해 주지 않아서 도망가는 게 아니라 매력이 없어서 도망가는 겁니다. 다시 강조합니다. 여자가 남자에게 너무 잘해 주면 좋은 남편감도 나쁜 남편감이 됩니다. 박귀희와 이응노의 사례를 기억합니다. 여자의 인생을 가장 비참하게 만드는 최악의 행동은 남자에게 너무 잘해 주는 것입니다.

잘해 주는 이유가 무엇이든 상관없습니다. 보답을 바라고 잘해 주든, 보답이나 보상을 바라지 않고 순수한 마음으로 잘해 주든, 잘해 주는 행위 자체가 좋아서 잘해 주든, 내가 선택한 남자니까 잘해 주는 게 당연하다고 생각해서 잘해 주든, 결과는 달라지지 않습니다. 만만하고 나약하고 매력 없는 여자가 되는 겁니다. 남자에게 당연한 여자, 우스운 여자가 되는 겁니다. 남자는 여자에게 관심을 잃고 마음이 다른 곳으로 향하는 겁니다.

여자는 남자에게 잘해 주고 싶을 때마다 이를 악물고 참아야 합니다. '남자에게 잘해 주는 것이 곧 버림받는 것'이라고 새기고 또 새겨야 합니다. 잊어버릴 때쯤 가끔 생각날 때마다 잘해 줘야 합니다. 그러면 괜찮습니다. 분기별로 한두 번쯤, 남자가 전혀 예상하지 못할 때 뜬금없이 잘해 주면 됩니다. 그 이상, 습관처럼, 정기적으로 잘해 주면 버림받는다고 생각해야 합니다. 남자는 여자가 잘해 줄수록, 관계에 성실할수록, 마음이 극진할수록 마음이 떠납니다. 여자에게 매력을 잃고 다른 관계에 눈독을 들이게 됩니다.

9. 보챈다고 섹스해 줌

여자의 연애 고민 중 가장 흔한 것이 남자의 성욕 문제입니다. 남자는 여자의 혼후관계주의를 이해하지 못합니다. 여자 친구가 섹스를 거부할 때 그 의사를 100% 존중해 주는 남자는 아주 좋은 남편감이거나, 여자 경험이 대단히 많거나, 아니면 성욕이 별로 없는 (테스토스테론 수치가 낮은) 경우입니다. 이런 경우는 드물다고 봐야 합니다. 대부분의 경우, 여자 쪽에서 아무리 거부 의사를 완곡하게 혹은 강력하게 표해도 남자는 언제든 다시 지속적으로 섹스를 갈구하게 됩니다.

대처법은 간단합니다. 여자 본인이 섹스를 하고 싶으면 하는 것이고, 하기 싫으면 하지 않는 것입니다. 남자는 극도로 단순한 이진법 생물이므로 여자 역시 이에 맞춰 이진법 대응을 해야 합니다. 남자가 하고 싶다고 해서 해 주는 게 아니라, 여자가 하고 싶으면 하는 것이고, 하기 싫으면 하지 않는 것입니다. 하지만 수많은 여자들이 남자의 집요함에 지쳐, 관계를 망칠까 봐, 버림받을까 봐, 하기 싫은 섹스를 억지로 합니다. 그리고 그 다음 날 남자에게 버림받습니다.

남자는 대단히 높은 확률로 여자와의 섹스 후 여자에게 흥미를 잃습니다. 원래 욕구 충족이 목적이었던 생물입니다. 남자는 자극 회피 혹은 충족을 위해 움직이는 아메바와 다르지 않습니다. '이 여자와 섹스해 봤으니까 이제 됐다는' 입장으로 바뀌는 겁니다. 욕구가 충족되지 않았더라도, 그저 섹스 행위 자체만으로도 남자는 아주 쉽게 마음이 돌변합니다. 섹스 중에 실망할 수도 있고, 섹스 자체에 실망할 수도 있고, 여자의 억지로 하는 섹스에 기분이 상할 수도 있고, 섹스 후 여자의 집착하는 모습에 매력을 잃을 수도 있습니다.

가장 심각한 문제는 쉽게 섹스해 주는 여자를 남자는 만만하게 혹은 우습게 본다는 점입니다. '남자에게 너무 잘해 주는 여자.' 최악의 케이스입니다. 돈이나 노력을 들여 남자에게 잘해 주면 일시적 손해만 보지만, 섹스로 잘해 주면 괴멸적 피해를

입게 됩니다. 남자가 졸라서 하기 싫은 섹스를 억지로 해 주면 그 단 한 번의 섹스만으로 남자는 여자를

1. 만만하고 우스운, 당연한 존재로 인식하고
2. 마음대로 막 대해도 되는 대상으로 여기게 됩니다.

 남자가 원래 어떤 인간이었는지는 중요하지 않습니다. 남자가 마음을 못되게 먹었기 때문도 아니고 양심이 없기 때문도 아닙니다. 너무 잘해 주는 게 문제입니다. 남자가 해 달라는 대로 해 주는 게 모든 비극의 원인입니다. 돈과 노력을 들여 남자에게 잘해 주면 그저 매력 없는 여자일 뿐이지만, 섹스로 잘해 주면 그보다 더 낮은 지위로 추락합니다. 매춘녀는 섹스에 정당한 대가라도 받습니다. 정당한 대가에 정해진 관계만 맺고 끊습니다. 남자의 생떼에 자발적인 섹스를 해 주는 여자는 매춘녀보다 못한 존재가 됩니다. 스스로를 누구보다 더 비참한 지위로 몰아넣는 것입니다.

 방법은 하나뿐입니다. 섹스를 하기 싫으면 하지 않는 겁니다. 섹스는 싫지만 남자는 마음에 든다, 혼후 관계가 설득되지 않는다, 그러면 그보다 낮은 단계의 스킨십 등으로 대체하는 방법을 고려할 수 있습니다. 번식을 위한 성행위가 아닌, 여자와 남자 모두 받아들일 수 있는 수준의 유희적 행위로 바꿔 선

을 긋는 겁니다. 그러면 대부분의 경우 남자도 (정상적인 남자일 경우) 더 이상 무리한 요구를 하지 않고 여자의 지위도 타격받지 않습니다. 어떤 경우에도 절대로 여자의 몸을 희생해서는 안 됩니다. 절대로 남자가 해 달라는 대로 다 해 주면 안 됩니다. 여자 입장에서 기분 나쁘지 않은, 자존심 상하지 않는, 무리하지 않는 선까지만 허용하고 칼같이 끊어야 합니다.

만약 실수였든, 어떤 이유에서든, 불만족스러운 억지 섹스를 했다면, 그에 대해 아무 언급도 하지 않는 것이 최선입니다. 괜히 했다, 네가 억지로 해서 기분이 X같다, 다시는 너랑 못 하겠다는 둥, 이런 식으로 남자 탓을 하면 관계는 망가집니다. 섹스는 둘의 합의하에 하는 것입니다. 일방적인 섹스는 섹스가 아닌 강간입니다. 섹스를 괜히 했다고 이걸 남자에게 덮어씌우면 책임 회피에 불과합니다. 본인의 무분별함과 무책임을 남의 탓으로 돌리겠다는 겁니다. 이 경우 남자는 "이 여자 안 되겠다"라는 생각을 하고 관계를 포기하게 됩니다.

남자가 원해서 했든, 여자가 하기 싫은데 억지로 했든, 강제로 한 것이 아니면 합의하에 성관계를 한 것입니다. 그 결과는 둘이 함께 책임지는 것입니다. 그러니 다시 강조합니다. 본인이 하기 싫으면 (헤어지는 한이 있더라도) 하지 말아야 한다고, 하기 싫은 섹스 해 주지 말고 남자와 헤어지는 것이 여자에게 백배 더 이롭다고,

10. 남자가 세뇌한 사고방식에서 못 벗어남

여자의 불행은 아이러니합니다. 사랑하기에 남자에게 진심을 다하지만 너무 진심을 다하면 버림받는, 결혼을 위해 섹스를 하지만 섹스를 하면 남자가 식어 버리는. 무엇보다 가장 심각한 아이러니는 가부장적 마초 사상에 심각한 피해를 보면서도 (남자들보다 더 적극적으로) 가부장적 마초 사상에 길들여져 있다는 점입니다. "여자는 이래야 해", "여자는 이러면 안 돼"라는 통념·관습·사고방식은 남자들이 여자를 길들이기 위해 만든 것입니다. 그런데 여자들이 이걸 자발적으로 받아들이고 '사회 규범화' 합니다. 그리고 스스로에게 강요합니다. 남자들이 정해 놓은 부조리를 스스로 따라 하면서 다른 여자들에게도 강제합니다. 남자들이 정해 놓은 부조리를 거부하는 여자를 손가락질하고 괴롭힙니다. 여자 스스로 만든 족쇄입니다. 남자관계의 불행에서 벗어나기 위한 가장 쉽고 빠른 방법은 이 부조리에서 벗어나는 것입니다.

1. 결혼 전 동거는 죄악

남자가 어떤 사람인지 가장 확실히 아는 법은 같이 살아 보는 것입니다. 먹고사는 문제를 같이 겪어 봐야 남자가 어떤 남편감인지 확실히 알 수 있습니다. 그래서 결혼 전 동거는 남편감을 판단하는 최선의 수단입니다. 남자 구분법으로 보지 못했던 남자의 감춰진 행동 패턴이 드러나기 때문입니다. 결혼 전 동거는 결혼의 조기 파국을 막는 최선의 방법입니다.

바로 결혼하지 말고 동거부터 해 보라는 조언을 들으면 "그럼 나중에 뒷조사할 때 걸리지 않나요" 혹은 "남자들이 더럽게 생각하지 않나요"라는 등 마초들이 세뇌한 죄의식을 발동시킵니다. 결혼 전 동거를 죄악시하는 여자들에게는 논리도 주관도 없습니다. 좋은 남편감일수록 여자의 과거사에, 과거 남자관계에 관심이 없거나 이를 신경 쓰지 않는다고 아무리 설명해도 여전히 결혼 전 동거는 죄악이라며 혼자 괴로워합니다. 남자들이 여자를 무시하고 만만하게 보는 까닭입니다. 마초들이 만들어 놓은 부당한 논리에 순응하고 사는 여자들은 그런 대접을 받아도 할 말이 없습니다.

2. 어장 관리는 죄악

이미 설명한 것처럼, 좋은 남편감 만나는 최선의 방법은 더 많은 남자를 만나는 것입니다. 중요한 건, 기존 관계를 끊지 않는 겁니다. 좋은 관계, 괜찮은 관계, 불만 없는 관계는 그대로 두고 다른 남자들을 동시에 만날수록 남자 보는 안목도 더 빨리 늘고, 더 좋은 남편감을 만날 확률도 높아집니다. 여러 남자를 동시에 비교해 볼 수 있기 때문입니다. 게다가, 남자는 어장 관리를 하며 더 많은 남자를 만나 본 여자에게 더 강한 매력을 느낍니다. 잘 노는 여자, 활달한 여자, 남자에게 인기 많은 여자일수록 더 주목받는다는 뻔한 사실을 부정하는 까닭은 불행하기 때문입니다. 삶이 너무 불행해서 현실을 직시하고 싶지 않은 겁니다. 일편단심 한 남자만 바라보며 그 남자에게 목숨 거는 망부석 같은 여자에게 매력을 느끼는 남자는 없습니다. "남자의 이상형은 해바라기 수절녀." 이런 전설 속 미신 같은 이야기를 믿고 싶은 이유도 같습니다. 불행하니까. 불행에 익숙하니까. 그런 삶에 길들여져 왔으니까.

남녀 사례를 더 많이, 오래 관찰할수록 동일한 결론에 도달합니다. 한 남자만 일편단심 바라보며 충성하는 여자는 줄기차게 버림받다 최악의 남편감에게 정착하고, 여러 남자를 들었다 놓았다 재 보는 여자는 수많은 남자들에게 구애받다 가장 조건 좋은 남자와 결혼합니다. 불행한 여자들은 이를 부정합니다. 어장 관리를 죄악시합니다. 바람을 피우면 안 된다고 합니다. 남자에게 버림받는다고 합니다. 돌팔매를 맞는다고 합니다. 다시 말하자면, 이들에게는 논리도 주관도 없습니다. 가부장 사회에서 답습한 마초식 고정관념과 자학적인 피해망상뿐입니다.

3. 나이 많은 여자는 결혼 못 한다

앞서 이야기하지 않은 좋은 남편감과 나쁜 남편감을 구분하는 중요한 조건이 하나 있습니다. 여자의 조건을 얼마나 따지느냐. 좋은 남편감일수록 여자의 조건을 따지지 않습니다. 여자의 키, 몸무게, 집안 배경, 학벌, 직업, 사상… 무엇보다 나이를 따지지 않습니다. 나쁜 남편감일수록 여자 조건을 따집니다. 평소에는 대인배인 척하던 남자가 여자 고를 때는 소인배로 돌변해서 미친 듯이 여자의 조건을 물어뜯습니다. 그중에 제일 악착같이 물어뜯는 것이 나이입니다. 남자 구분법의 중요한 법칙입니다. 여자 나이 따지는 남자 중에 좋은 남편감은 없다는 것. "여자 나이 서른 넘으면…." 이런 말을 하는 남자는 99% 나쁜 남편감이고 "여자가 어리면 다 좋지 뭐…." 이런 말을 하면 100% 나쁜 남편감입니다. 당신에게 직접 하는 말이 아니더라도 마찬가지입니다. 불특정 다수에 대해 혼자 한 말이더라도, 이는 남자의 수준을 말해 주는 결정적 단서가 됩니다.

남자는 매력에 이끌려 다니는 아메바, 이진법 생명체라고 했습니다. 여자가 매력이 있으면 나이가 많아도 사귀고 싶고 결혼도 하고 싶습니다. 여자가 매력이 없으면 나이가 어려도 가까이하고 싶지 않습니다. 여자 나이 방년 18세라도 매력이 없으면 아무 의미 없고, 팔순 잔치를 어제 했어도 매력이 있으면 남자를 구름처럼 몰고 다닙니다. 나이는 핑계인 겁니다. 매력이 없고 인기가 없는 걸 나이 탓하고 싶은 것입니다.

여자 나이 서른이면 '상장 폐지'라는 마초 쇼비니즘 논리를 가장 적극적으로 퍼 나르는 이들이 매력 없고 인기 없는 불행한 여자들입니다. 여자 나이 서른이 되기 전에 결혼해야 한다는 강박관념으로 불행한 결혼을 자초합니다. 그리고 자신의 불행을 남들에게 강요합니다. 마초들이 가르친 인생을 사는 여자는 불행의 굴레에서 벗어날 수 없습니다. 이런 여자들을 멀리하고 이들의 거짓말에 귀를 닫아야 불행을 예방할 수 있습니다.

세상에 급한 결혼은 없습니다. 하지만 불행한 결혼은 있습니다. 나이에 쫓겨서 한 결혼이 불행한 결혼입니다. 나이와 상관없이 "결혼할 만한 남자가 있어야 결혼한다"라는 생각으로 사는 여자가 행복한 결혼을 합니다. 설사 결혼을 못 해도 행복한 인생의 결말을 맞습니다. 선택은 여자가 하는 것이고 당신은 가전제품을 사러 나온 것뿐입니다. 마음에 드는 제품이 없으면 사지 않는 겁니다. 사기 싫은데 억지로, 강제로, 시간에 쫓겨 산 가전제품이 당신의 인생을 풍족하게 해 줄 리 없습니다. "마음에 드는 게 없으면 없이 살지 뭐!" 이런 생각이 당신의 멘탈을 건강하게 지켜 줍니다. 나쁜 남편감을 멀리하고 좋은 남편감을 발견하는 안목을 키우게 됩니다.

4. 착한 여자가 결혼 잘한다

남자들은 착한 여자가 결혼 잘한다는 말을 하지 않는데 유독 여자들이 그런 말을 많이 합니다. 남자들은 압니다. 여자가 착한 것과 결혼 잘하는 것은 아무 상관이 없으며, 오히려 착한 여자일수록 나쁜 남편감과 결혼해 고통받는다는 사실을. 그런데 여자들은 이런 사실을 잘 모르거나, 알아도 애써 무시합니다. '착한 여자'에 대한 미신은 여자 커뮤니티에 더 지독하게 만연해 있으며 그 뿌리도 깊습니다. 착하지 않은 여자, 이기적인 여자, 여우 같은 여자, 남자 인기를 독차지하는 여자에 대한 적개심이 이런 근거 없는 미신으로 이어집니다.

착한 여자를 선호하는 남자들은 한정돼 있습니다. 가부장적 마초들입니다. 평범한 남자들도 결혼하고 싶은 여자에 대한 질문을 받으면 '착한 여자'라고 대답하는 경우가 많습니다. 하지만 이들이 실제로 결혼하는 여자들은 1) 매력 있는 여자이거나, 2) 옆에 있는 여자입니다. 실제로 착한 여자를 일부러 골라 결혼하는 남자는 거의 없습니다. 왜? 매력이 없기 때문입니다. 착한 여자가 결혼을 잘한 이유는 운이 맞아서 그런 것이지 착한 성격 때문인 경우는 없습니다. 뒤에 설명하지만 남자들이 결혼하는 여자는 옆에 가까이 있는 여자입니다. 자기 주변에 매력 있는 여자가 없으면 접근성의 법칙을 따릅니다. 가까이 있는 여자와 결혼합니다. 그때 가까이 있던 여자 성격이 착했던 것뿐입니다.

착한 여자가 결혼을 잘하는 게 아니라 결혼을 잘하기 위해 부지런히 움직이는 여자가 결혼을 잘합니다. 더 많은 남자를 만나 봐야, 더 많은 남자를 걸러 봐야 결혼을 잘합니다. 적극적으로 움직여 남자와의 접근성을 높이고 더 많은 유형을 접해 보는 것. 결혼을 더 잘하기 위해 이것보다 좋은 방법은 없습니다. 성격이 착하다고, 사회 평판이 좋다고 결혼을 잘하는 경우 없습니다. 감나무 밑에 입 벌리고 누워 있으면 입 안으로 감이 알아서 떨어져 들어온다는 헛소리와 다를 게 없습니다.

5. 가족에게 잘해야 좋은 남편감

"가족에게 잘하는 남자가 좋은 남편감"이라고 합니다. "착한 여자가 결혼 잘한다"의 남자 버전입니다. 여자의 착한 성격에 집착하다 남자에게도 착한 성격을 강요합니다. 그러다 보니 "효자와 결혼해야 결혼 잘하는 것"이라는 어처구니없는 모순을 믿습니다. 불행한 여자들은 명분에 집착합니다. 조선시대에 여자를 핍박했던 삼강오륜 예의범절을 남자 구분법의 잣대로 삼습니다. 효도하지 않는 남자, 가족에게 잘하지 않는 남자를 '글러 먹은 놈'이라고 합니다.

효자와 결혼하면 여자는 불행해집니다. 가족에게 잘하는 남자일수록 결혼해서 아내와 가정에 소홀해집니다. 가족에게 잘하는 남자는 대부분 결혼해도 예전 그대로 원래 가족에게 충성하지 새로 꾸린 가정에 충성하지 않습니다. 자신의 부모나 가족에게 적당히 거리를 두어야 정상입니다. 부모, 가족에게 무심한 (혹은 적당히 잘하는) 남자가 좋은 남편감일 가능성이 더 높습니다.

윗사람에게 잘하는 남자, 남자들에게 인기 있는 남자, 사회 평판이 좋은 남자, 예의범절 잘 지키는 남자가 좋은 남편감이라는 주장도 같은 맥락입니다. 역시 명분에 집착하는 불행한 여자들의 흔한 논리입니다. 앞서 설명한 대로입니다. 남자의 사회 평판이나 예의범절이나 윗사람에 대한 태도는 남편감의 기능과 아무 상관이 없습니다. 가정을 책임질 남자의 '기능'에 집중해야 합니다. 남자의 쓸데없는 명분, 평판, 겉치레, 겉모습에 집착하는 여자가 결혼해서 행복한 경우는 없습니다.

6. 남자에게 순종해야 피해 입지 않는다

남자관계에 관해 여자들이 가장 많이 착각하는 것이 '고분고분해야 남자에게 험한 꼴을 당하지 않는다는' 것입니다. 현실은 반대입니다. 남자에게 고분고분한 여자일수록 더 철저하게 당하고 삽니다. 여자에게 폭력적인 남자는 짐승의 본능에 따릅니다. 더 만만한 상대의 권리를 짓밟고 관계의 우위를 점합니다. 폭력 등 인격 유린 행위는 당연한 다음 수순입니다. '남자에게 너무 잘해 주는 여자'의 연장선입니다. 남자에게 잘해 줄수록, 맞춰 줄수록, 고분고분 순종할수록 남자는 "이 여자한테는 그래도 된다"라는 무의식의 지배를 받습니다. 남자의 여성 대상 범죄, 폭력, 가혹 행위가 바로 이 "그래도 된다"라는 심리에서 발전합니다. 여자가 남자에게 고분고분 순종적으로 보인 결과입니다.

여자는 관계 초기에 남자에게 만만하게 보이지 않는 것이 중요합니다. 남자에 맞춰 주지 않고, 언제든 금방 관계를 끊는 것이 남자에게 만만하게 보이지 않는 최선의 방법입니다. 굳이 남자에게 대들거나 성질부리며 맞설 필요는 없습니다. 그러기 전에 관계를 멀리하거나 끊으면 되기 때문입니다. 남자에게 대들거나 싫은 소리 하는 건 최소화하는 것이 좋습니다. 남자를 상대할 때 여자의 가장 큰 무기는 무심함입니다. 남자가 마음에 들지 않으면 아무 말 없이 노려보거나, 등 돌리고 관계를 멀리하는 겁니다. 그리고 관계를 끊을 준비를 하는 겁니다. 대화나 연락을 끊고 더 이상 상대하지 않으면 됩니다. 정말 필요하다 싶으면 말을 해도 됩니다. 아주 짧고 굵게, 딱 잘라 한마디만 하고 마는 겁니다. 그리고 등 돌리고 관계 단절에 들어가는 겁니다.

그렇다고 남자에게 이기려 들면 오히려 역효과만 날 수 있습니다. 여자는 남자에게 순종하지도 않되, 맞서지도 않아야 합니다. 다시 말하지만 남자를 대할 때 여자의 가장 강력한 무기는 무심함과 관계 단절입니다. 남자는 여자에게 지는 걸 받아들이지 못하며, 설사 받아들인다 하더라도 그 관계는 절대 화목하게 유지될 수 없습니다. 여자가 남자에게 이기려고 하는 순간 그 관계는 바로 파탄 납니다. 남자는 지극히 단순한 이진법의 생명체이며, 여자도 이에 맞게 대응해야 합니다. 사소한 문제, 대세에 지장 없는 문제는 그냥 참고 넘어 가거나 한두 마디 경고로 그쳐야 합니다. 하지만 심각한 문제, 대세에 지장 있는 문제에 대해선 "이 관계 끝장낸다"라는 생각으로 짧고 굵게 한마디만 하거나 아예 관계를 깨끗이 포기해야 합니다.

7. 사랑으로 가난 극복

가난은 사랑과 인내로 극복되지 않습니다. 아무리 좋은 남자와 좋은 여자가 만나 결혼해도 가난한 환경에서는 오래 행복할 수 없습니다. 가난이 지속되면 사랑과 인내는 쉽게 바닥납니다. 그리고 좋은 남자, 좋은 여자의 장점도 대부분 사라집니다. 남자의 경제력은 안정된 결혼 생활을 유지하는 데 필수적입니다. 실제로 소득 수준이 높은 남자와의 결혼이 (소득 수준이 낮은 남자와의 결혼보다) 평균적으로 더 오래 유지된다는 사실은 결코 간과할 수 없습니다.

여자가 남자의 경제력을 보고 결혼하는 관습은 최근의 일도 아니고 물질만능주의 사회의 폐해도 아닙니다. 인류에게 사유재산의 개념이 생겼을 때부터 이어져 온 뿌리 깊은 전통입니다. 남자의 경제력을 무시한 채 '사랑'이나 '이상형'만 보고 결혼하면 99%의 확률로 불행해집니다. "사랑하면 됐지 뭐." 이런 말을 하는 사람은 현실을 모르는 바보이거나, 불행한 인생을 살고 있는 사람이거나, 앞으로 그렇게 될 사람입니다. "사랑이 밥 먹여 주지 않는다." 이런 생각을 하는 여자가 현실에 적응합니다. 불행에서 벗어나 행복해질 가능성이 높아집니다.

11. 피해망상

여자가 남자에게 보이는 집착, 불안, 조바심, 의심, 질투, 자격지심 등의 피해의식은 자연 발생적입니다. 오랜 세월 여자들은 자신의 생존권을 남자를 통해 보장받았기 때문에 결혼할 남자, 결혼한 남자에 대해 과민한 심리를 보이곤 합니다. 남자가 다른 여자를 만나고 있지 않을까, 내가 다른 여자보다 못나 보이지 않을까, 자격지심, 불안감, 의심, 조바심은 여자의 매력을 짓밟고 관계를 파괴합니다. 여자 입장에서는 남자와의 관계를 확실히 하기 위한 무의식적 몸부림이지만, 남자 입장에서는 이런 '노력을 반대로 해석합니다. 남자는 여자의 불안증을 결코 자연 발생적으로 받아들이지 않습니다. 남자들은 여자들의 피해망상을, 단순한 스트레스가 아니라, 남자의 인생을 짓밟고 관계를 파괴하는 중대한 위협으로 받아들입니다.

여자가 좋은 남편감을 만나도 결혼하지 못하고 헤어지는 주된 이유입니다. 아무리 좋은 남편감과 결혼해도 불행한 인생에서 벗어나지 못하는 이유이기도 합니다. 남자에 대한 피해망상에서 벗어나지 못하면, 아무리 좋은 남편과 살아도 결혼 생활은 1~2년을 넘기기 힘듭니다. 문제는 피해망상에 한번 빠지면 쉽게 벗어나지 못한다는 점입니다. 사고방식과 정신 건강의 문제입니다. 애당초 사고방식과 정신 건강에 결함이 있었기에 남자의 아무것도 아닌 말과 행동을 물어뜯고, 트집 잡고, 의심하게 됩니다. 그리고 한번 그러기 시작하면 관계가 완전히 파탄 날 때까지 중단되지 않습니다.

이성적인 관점에서 상황을 보려 하지 않습니다. 주변 사람들이 아무리 객관적인 조언을 해도 이를 받아들이지 않으며, 내 잘못이 아니라 무조건 남자 잘못이라는 망상에서 벗어나지 못합니다. 어떤 누구와 결혼해도 불행할 수밖에 없는 여자들의 전형적인 모습입니다. 피해망상에서 벗어나지 못하는 여자들이 알아야 할 사실은 다음과 같습니다.

1. 다른 남자를 만났어도 지금과 똑같은 병적인 피해망상에 시달렸을 것이란 사실.
2. 앞으로 세상 어떤 남자를 만나도 매번 그런 똑같은 피해망상에 몸부림치다 관계를 파탄 내고 버림받을 것이란 사실.
3. 피해망상을 버리지 못하는 건 명백한 결혼 결격 사유라는 사실.

남자들의 결혼 결격 사유 1순위가 무책임함과 충동성이라면, 여자들의 결혼 결격 사유 1순위는 피해망상입니다. 무책임한 충동성의 남자가 결혼하지 말아야 하는 것처럼, 피해망상에 시달리는 여자도 결혼하지 말아야 합니다.

다시 말하지만, 한번 시작된 피해망상에는 대처법이 없습니다. 관계가 완전히 파탄 나기 전에 여자의 피해망상이 멈추는 경우는 드뭅니다. 이런 경우에는 정신과를 방문해야 합니다. 약을 처방받아야 합니다. 피해망상은 명백한 정신병적 증상이며, 치료를 받지 않으면 피해망상을 일으킨 본인이 지옥을 겪다 최악의 결과를 맞게 됩니다.

같이 사는 사람에 대한 불만을 찾자면 한도 끝도 없습니다. 세상에 완벽한 남편감은 없으며, 아무리 완벽한 남편을 만나도 단점을 찾기 시작하면 끝이 없습니다. 이걸 아느냐 모르느냐 그게 문제가 아니라, 근거 없는 피해망상으로 아무 문제 아닌 걸 문제 삼는 게 문제입니다. 결혼에 만족하느냐 마느냐, 그게 문제가 아니라, 아무 문제 없는 결혼을 불행의 아수라 판으로 만드는 게 문제입니다. 이 결혼 잘했네 못했네, 이런 주관적 판단은 각자의 재량에 달린 문제이며 아무도 간섭하거나 평가할 수 없는 일입니다. 하지만 현실을 모르고, 자신을 모르고, 가해자는 남편이 아닌 자기 자신이란 사실을 무시한 채, 모두를 불행으로 몰아넣는 행위는 개인 재량으로 치부할 수 없습니다.

최악의 남편과 살면서도 끊임없이 괜찮다고 자기 최면을 거는 여자나, 좋은 남편과 살면서 매일 피해망상에 몸서리치는 여자 모두 결혼해서는 안 됩니다. 만약 심각한 정신적 문제가 있는 게 아니라면, 어쩌면 결혼 전 남자를 충분히 만나 보지 못했기 때문일 수 있습니다. 더 많은 남자를 만나 볼수록 비현실적 착각에서 벗어날 수 있습니다. 편협한 피해망상에 쉽게 빠지지 않을 수 있습니다. "다른 남자와 결혼했어도 다 마찬가지야." 이런 생각이 가능해집니다. 결혼 전 되도록 많은 남자를 만나 보는 것이 중요합니다. 굳이 좋은 남편감일 필요는 없습니다. 어떤 남편감이라도, 다양한 남자를 만나 볼수록, 결혼 후 남편과 자신에 대한 객관적인 판단을 할 수 있는 능력을 키울 수 있습니다.

12. 남자의 성욕에 대한 몰이해

남자가 길에서 다른 여자에게 한눈을 팔면 많은 여자들은 이렇게 생각합니다. 1) 남자의 바람기가 심각하다, 혹은 2) 이 남자는 나를 사랑하지 않는 것이다. 뒤에 자세히 설명되지만, 남자들은 성적 자극에 의해 자동 반사적으로 움직이는 단세포 동물 같은 존재입니다. 이들의 성욕에 의한 행동은 자동 반사적이며 스스로 통제 불가능합니다. 즉, 남자의 성적 행동은 사실상 불가항력적이며 이들의 성적 행동을 막으려면 애초에 기회를 만들지 않는 수밖에 없습니다.

그래서 남자가 밖에서 다른 여자를 쳐다보는 것을 막으려면 남자가 밖에 나가는 걸 막으면 됩니다. (아니면 눈을 가려 버리거나.) 하지만 이렇게 하면 남자가 밖에서 돈을 벌어 오지 못하는 부작용이 있습니다. 그렇습니다. 남자는 가족을 부양하기 위해 밖에 나가 일을 해야 하고, 이 때문에 수없이 많은 여자들과 '부대끼며' 살게 됩니다. 길 가는 여자에게 눈이 돌아가는 정도가 아니라 수많은 외간 여자들과 시시덕대기도 하고 플러팅도 하며 유사 연애를 즐기기도 합니다. 이런 행동이 당연히 결혼 결격 사유, 이혼 사유라고 생각한다면 결혼을 해선 안 됩니다. 왜냐하면 세상 모든 남자들이 다 그렇기 때문입니다. 그 정도 '일탈'조차 하지 않는 경우는 극히 드물기 때문입니다.

길 가는 여자들에게 눈이 돌아가는 문제를 갖고 시비를 걸 것이면 여자는 세상 그 어떤 남자도 만나면 안 됩니다. 내 남자는 절대로 길 가는 여자에게 눈길도 주지 말아야 한다는 강박증에 빠져 있다면 당신은 정말로 남자를 만나선 안 됩니다. 당신이 (여자가 아닌) 남자와 결혼을 하려면 남자의 성욕을 이해해야 합니다. 남자는 성욕에 관해서는 자기 제어나 반성이 불가능한 동물이며, 가벼운 성적 일탈은 대부분 통제가 불가능하다는 사실을 이해해야 합니다.

1. 집에서 야동을 보며 자위행위를 하는 것은 지극히 정상이며, 여자 친구가 있어도, 결혼을 했어도 여전히 예전과 똑같이 자위행위를 하는 것이 일반적.
2. 아동 포르노 등 불법적 야동이 아닌 한 어떤 종류의 야동이든 상관없음. 심지어 이성애적 성 정체성과 성적 지향을 지닌 남

자가 게이 야동을 보는 경우도 있음. 남자의 성적 취향은 우주보다 넓다는 사실을 인지해야.
3. 인터넷에서 여자 사진을 수집하거나, '좋아요' 또는 '즐겨찾기'를 클릭하는 것 역시 이상할 것 없는 행동이며, 불법 촬영물이 아닌 한 간섭·통제하기 어려움.
4. 다른 여자에게 노골적으로 눈길을 돌리는 것도 지극히 정상적인 경우이며, 이 행동만 보고 남자의 바람기나 충동성을 판단할 수 없음.
5. 외간 여자와 가벼운 농담 따먹기, 플러팅을 했다고 외도의 의도가 있다고 판단할 수 없음. 남자의 의도를 판단할 때는 본인이 적극적으로 기회를 만드느냐, 선을 넘느냐 마느냐 보고 판단해야.
6. 남자가 직접 여자와 사적으로 만날 약속을 잡거나, 여자가 있는 장소로 직접 가는 행위, 본인이 먼저 연락을 취하거나, 여자에게 애정을 확인하는 언행 등이 선을 넘은 것. 의도적 외도를 위한 계산된 행동이라고 봐야.

여자는 남자를 복잡하게 생각할수록 관계에서 고통받고, 남자를 (아메바처럼) 단순하게 여길수록 관계가 행복해집니다. 앞서 남자를 가전제품 취급해야 좋은 남편감을 고를 수 있다고 했습니다. 좋은 남편감을 고른 뒤에는, 가전제품이 아닌, 반려동물 취급하는 것이 좋습니다. 남자를 '혼자 산책이 가능한 개'라고 생각해 봅니다. 개가 밖에서 오줌을 싸며 영역 표시를 하고 다른 개의 냄새를 맡는 행동만으로 이 개의 충심을 의심할 수는 없습니다. 개는 개의 본성을 타고났기 때문에 그런 행동을 할 수 있으며, 언제든 다시 주인에게 돌아올 것이란 확신이 있다면 웬만한 일탈은 '귀엽게' 여기고 넘어가는 것이 모두를 위한 마음가짐입니다.

『남자 대처법』으로 이어집니다.

지은이 이드페이퍼
'월간이드'를 비롯해 인간, 사회, 문학, 예술 인문학 콘텐츠를 전자책으로 발행해 왔으며, 아마추어 작가들의 출판 커뮤니티 플랫폼을 운영 중이다. (https://idpaper.co.kr/) 출간작으로는 남편감 구별법*, 매력강좌, 거짓말 구분법, 남자 심리의 이해, 강철멘탈 되는 법*, 패턴 분석법, 남편감 샘플분석 등이 있다.

* '남편감 구별법'은 『남자 구분법』, 『남자 대처법』으로 개정 출간.
* 『강철멘탈 되는 법』 2024년 11월 출간.

남자 구분법

초판 1쇄 2024년 10월 28일
　　2쇄 2024년 11월 14일

지은이 이드페이퍼

펴낸이 차보현
펴낸곳 데이원
출판등록 2017년 8월 31일 제2021-000322호
블로그 https://blog.naver.com/dayonepress
인스타그램 https://www.instagram.com/dayone_press
유튜브 '책략가들' https://www.youtube.com/@dayonepress

남자 구분법 ⓒ 이드페이퍼, 2024
ISBN 979-11-6847-954-8 03300

* 잘못된 책은 구입하신 서점에서 바꾸어 드립니다.
* 오탈자 및 오류 제보는 dayonepress@naver.com으로 보내 주시기 바랍니다.
* 이 책의 출판권은 지은이와 펜슬프리즘(주)에 있습니다. 내용의 전부 또는 일부를 재사용하려면 반드시 양측의 서면 동의를 받아야 합니다.
* 데이원은 펜슬프리즘(주)의 임프린트입니다.